企業再編と労働組合

連合・労働組合必携シリーズ 3

中村圭介
Keisuke Nakamura

教育文化協会

旬報社

【目次】

序　企業再編と労働組合

1 目的と先行研究

本書の目的は企業再編が引き起こした様々な労使関係上の課題に、企業別労働組合がどう対応したのかを具体的に明らかにし、その実践的、理論的含意を探ることである。ここで企業再編とは、投資ファンドや他の企業（外資系も含む）などによる買収に伴う経営権の変更、複数企業の統合、企業分割や事業譲渡などの組織変動を指す。

このテーマに関する研究はそう多くはない。まず挙げるべきは久本＝電機連合総合研究企画室（二〇〇五）である。電機産業を対象に、大規模な組織再編の背景とその実態を描いた上で、組織再編が労使協議、労働条件、従業員意識に及ぼした影響を事例研究と質問票調査により詳細に明らかにした研究である。それだけでなく、企業組織再編の下での労働者保護の在り方と問題点、また労働組合組織の変化も取り上げ、企業組織再編と労使関係に関する総合的な研究である。二〇〇〇年代初めの姿であるが、企業再編が産業全体で広く行われていること、しかも企業グループを超えた再編も少なくないこと、とはいえ、組織再編に関わる労使協議はほとんどの企業で行われており、その重要性は高まりつつあることなどを知ることができる。

毛塚＝連合総合生活開発研究所（二〇一〇）は「企業組織の再編は、企業のなかで働く労働者の雇用と労働条件に対して直接的に影響を与えるだけに、労働組合にとって最大限の対応を求められる問題である」（二頁）との問題関心にそって、この課題を経済学、会社法、金融商品取引法、労働法など学際的な視角から検討し、かつ企業買収と労働組合の対応の具体例も示している。企業グループを包摂する新しい労使関係秩序の構築、企業システムの変容に対応しうるような新たな労働者代表制（監査役会や社外取締役会への参画等）を提案しているのが一つの特徴である。

企業組織再編が、労働組合組織にどのような影響をもたらしつつあるかを「系列化」（グループ労連の結成）、「非系列化」という視点から論じているのが坂（二〇一五）である。同書はまた、JAM加盟の組合が、直面した企業再建、企業再編（買収も含む）にどう取り組んだのかを事例研究、質問票調査によって明らかにしている。質問票調査によれば、二〇〇〇年代後半で、企業組織再編を経験した単組が二割、ファンド・外資による自社株保有を経験した単組が一割存在していること、しかし、労使関係や労働条件に大きな混乱は生じていないことが示されている。

企業再編が二〇〇〇年代に積極的に行われるようになったのは、九〇年代末からの独禁法改正（純粋持株会社の解禁）、商法改正（株式譲渡・株式交換の簡便化、会社分割制度導入）、民事再生法制定（再建型倒産手続きの一般法）など、企業組織再編を促す法律が相次いで制定されたことが大きい。だが、企業再編に伴って、大きな影響をこうむるはずの労働者に対する法的保護は不十分であり、わずかに、会社分割制度の導入とともに、二〇〇〇年に制定された労働契約承継法があるのみである。野川＝土田＝水島（二〇一六）は、労働者保護法制の不備という深刻な事態を踏まえたうえで、労働法上、どんな対応をすべきかを多角的に論じている。「……頻出する紛争への実定法上の対応に深刻な不備があること、および解釈論による処理には大きな限界がある」（三〇二頁）との指摘を真剣に受け止める必要がある。

企業再編に伴い労働契約承継法が実際にどのように活用されたかを、事例研究によって明らかにした貴重な研究が呉（二〇一九）である。詳細な分析が行われている七事例に限ると、六事例で労働契約承継法が活用され、一事例では活用されていない。また、七事例中、二事例では組織再編プロセスで紛争が生じ、団体交渉による解決をみている。このうち一事例では、承継法が活用されず、もう一事例では当初、会社側が労働契約を承継しないことを提案している（最終的には労働組合が契約承継を認めさせた）。残りの五事例では、再編プロセスで労使協議が慎重に、かつ周到に進められ、再編そのものはスムースに進んでいる。

企業再編は労働者や労働組合に深刻な影響を与える可能性がある。労働組合が企業再編にどう対応すべきかを、具体的な事例から学べることは多いと思われる。しかし、労働組合の対応を詳細に明らかにした研究は、呉（二〇一九）が指摘するように、少ない。また事例研究であっても、調査対象者の十分な協力を得ることができず（詳細に語ることを嫌がる）、表面的にとどまっていたり、内容がわかりにくいものも多い。本研究を実施する最大の理由がここにある。

2　企業再編の現状

表1は企業再編の発生状況の二〇年間の推移を示したものである。

この表は民間のM&A支援企業であるレコフが独自に収集したデータから作成している。合併、買収、事業譲渡、資本参加の四タイプの推移である。[1] 日本の民間企業数は約三八〇万[2]であるから、毎年、わずかに〇・〇五％から〇・一％の企業で再編が起こっているにすぎない。とはいえ、毎年二〇〇〇件ほどの再編があり、近年には再編数が急増していることがわかる。

厚生労働省の『労使関係総合調査』からはやや違った状況が見えてくる。「過去三年間に企業組織の再編・事業部門の縮小等が実施された」労働組合は二一・一％（二〇一五年）、二七・四％（二〇一七年）、二四・〇％（二〇二〇年）である。[3] 二〇二〇年の単一労働組合数は二万三七六一、労働組合員数規模一〇〇〇人以上は九七五七であり、[4] 企業再編や事業部門縮小が起こる確率が高いのが一〇〇〇人以上だとすると、[5] 企業再編や事業部門縮小は三年間で二〇〇〇

表１　企業再編の推移

	合併	買収	事業譲渡（営業譲渡）	資本参加	合計
2000年	103	466	342	715	1626
2001年	88	510	393	627	1618
2002年	94	617	445	552	1708
2003年	77	664	434	473	1648
2004年	70	833	480	665	2048
2005年	88	1111	409	901	2509
2006年	87	1150	462	879	2578
2007年	79	1127	410	785	2401
2008年	69	1051	424	648	2192
2009年	57	865	359	521	1802
2010年	46	734	310	509	1599
2011年	40	813	248	467	1568
2012年	45	873	273	540	1731
2013年	34	942	295	667	1938
2014年	33	989	308	829	2159
2015年	38	1092	277	866	2273
2016年	32	1193	289	1023	2537
2017年	36	1203	266	1408	2913
2018年	37	1411	367	1836	3651
2019年	33	1412	437	1988	3870
2020年	29	1261	497	1748	3535
2021年	39	1453	469	2111	4072

資料出所：レコフM&Aデータベースより作成。
データの収集方法は、「ニュース・リリース、日経各紙、一般紙、経済誌などを端緒に取材を加え、作成している」そうである。以上、レコフM&Aデータベース（recofdata.co.jp）に2022年12月22日にアクセス。

件強、一年間では七〇〇件ほど生じていると推計しうる。

要するに、経済全体で見ると、企業再編はごく一部で生じているに過ぎないが、組織セクターに限れば無視できない頻度で起こっていると推定できる。

3 事例調査

研究は事例調査方法を使用した。産業別組織に企業再編を経験した単組を紹介してもらい、直接、訪問して聴き取り調査を行った。聴き取りは、あらかじめ調査項目を定めるのではなく、「企業再編に伴い、どんな課題が生じて、労働組合はどう対応したのか」という質問をなげかけ、その後は自由に対話をしながら、進めた。合わせて一六社の調査を行ったが、事例としてまとめたのは、そのうちの一二社である。

(1) もう一つのタイプとして出資拡大があるが、これは除いた。
(2) 総務省『平成二八年　経済センサス‐活動調査』より。
(3) 厚生労働省『労使間の交渉等に関する実態調査』平成二七年、平成二九年、令和二年より。

（4）厚生労働省『労働組合基礎調査』令和二年。
（5）一〇〇人未満の組合では、経営危機は倒産などに直結すると思われる。

一二の事例

——経営破綻、買収から組織統合まで

A 破綻、更生そして外資による再建——協栄生命からジブラルタ生命へ

1　経営危機と更生特例法適用申請

この事例研究は、国内生命保険会社である協栄生命の破綻、更生、再建を論じる。(1)

一九八〇年代後半から、この会社は他社に追随して高利回り商品（一時払い養老保険）を販売し始めた。高利回り商品とは、保険会社が契約者から受け取った保険料を運用する際に約束する予定利率の高い商品のことである。九〇年代に入り、他社が同種の高利回り商品の販売を控えるようになっても、営業社員に奨励金を出し、販売を続けた。この資金を運用して、予定利率を上回る収益を上げていれば、何も問題は発生しない。だが、株価は九〇年を境に、不動産価格は九一年頃から、下落していく。バブルの崩壊である。その結果、資産運用利回りが顧客への保証利回りを下回る、いわゆる逆ザヤが発生した。

逆ザヤに対応するため、ハイリスク・ハイリターンの有価証券投資に向かったが、さらなる株価下落により、逆に多額の評価損を計上することになる。そのため、保有資産を売却し、その収益で逆ザヤをカバーせざるを得なくなる。実質純資産はまだ十分にあったが、毎期、多額の損失を出し、それを埋めるために、再びハイリスクの投資を行うという悪循環に陥っていった。だが、深刻な経営状況にあることを把握している経営陣はごく一部にすぎなかった。

経営危機を乗り越えるため、海外保険会社の資本参加や業務提携の道を探ったが、最終段階で条件面で折り合わなかった。その理由は、資本参加は依頼するが、経営権は譲らないとの条件で交渉していたためらしい。他方、国内の保険会社はすべて逆ザヤに苦しんでおり、支援する余裕がない状態であった。八方ふさがりの中にあって、足元では、保険商品の解約が相次ぎ、財務状況が一段と悪化していった。

経営内容が悪化し、自主再建は困難になったとして、更生特例法(2)の適用を裁判所に申請することになる。逆ザヤが発生するようになって一〇年経った頃のことである。当時の協栄生命労働組合の樋口広寿委員長によると、こういう事態になっても、「役員は、いい加減で、更生特例法申請という情報が共有化されて知っていたはずなのに、当日の昼まで何もいわない。昼のNHKのニュースで『協栄生命が更生特例法適用申請を行った』とのテロップが流れて、私たち労組役員はその事実を知ることになった。NHKニュースが流れた時には、本社社屋に社長がいたことを私はじめ労組役員幹部は確認しており、ニュース後に更生特例法申請に裁判所に行ったようだ。最後まで社長をはじめ一部の役員が更生特例法申請に抵抗していて、決断ができなかったので、おそらく役員の誰かがＮＨＫにリークしたのではないかとのうわさが後日、流れてきた」(3)。

適用申請はすぐに受理され、弁護士を筆頭とする保全管理人（後の更生管財人……以下ではすべて更生管財人に統一する）たちが裁判所に選任され、協栄生命に派遣された。更生管財人は、更生会社の事業を運営、管理し、更生計画を立案、遂行する任に当たる。更生計画では海外の総合金融グループが協栄生命の再建を資金面で支えることが決まり、同グループの一〇〇％子会社、ジブラルタ生命として再出発することとなった。適用申請から半年後のことであった。

労働組合は経営破綻前から、経営再建に真剣に取り組んできた。経営側は、当初は、労働組合の声に耳を貸そうともしなかった。ようやく経営側が前向きになり、労使関係改善の兆しが見えてきたところで、更生特例法の申請となる。更生特例法申請後も、従業員、特に営業社員の動揺を防ぎ、事業を継続していくために、労働組合はさまざまな努力を積み重ねた。再建後の数年間も同様である。以下では、労働組合の奮闘ぶりを詳細に見ていこう。

2　株主への道

労働組合はバブル崩壊後から、経営破綻の大きな原因となった高利回り商品の課題を団体交渉で指摘していた。それ以前からも、ワンマン創業者に率いられた経営の危うさを察知し、対策を講じようとしていた。その一つが自社株式購入である。

戦後、株式会社（非上場）として再建された際、株式は全従業員が保有することとされた。その後、増資はなく、退職した従業員や死亡した従業員の遺族から、再建時の創業者が株式を買い集め、八〇年代までには関連会社、創業者及び関係者、取締役、従業員ＯＢが株主となっていた。八〇年代後半に、ＯＢ株主有志が集まり、自らの不利な立場を改善すること、株主総会での発言を通じて経営をチェックすることを求めるようになる。不利な立場とは、譲渡制限(4)のある株式であり、換金性に乏しいこと、配当が低いことを指す。経営をチェックするとは、創業者が実質的に株式の大半を保有し、ワンマン経営に陥っている状況からの脱出をねらうことを意味する。

労働組合は、八〇年代末に、発言するＯＢ株主グループと接触し、ＯＢから「どうも著しく偏った経営が行われており、その原因は会社創業の頃の職員は全員株式を保有し仕事にも意欲的に取り組めた時代から現状が大幅に逸脱していること、経営に対するチェックが十分でないことにある」(5)との指摘を引き出した。これを受けて、労働組合は二つの政策を打ち出す。一つは団体交渉の場で、従業員持株会の設立を要求する。二つめはそのための準備会を発足させる。持株会準備会の目的は「従業員持株会が円滑に設立されるための環境整備をする」(6)ことであった。

その後、持株会準備会の窓口を通じて、あるいは直接、労働組合はOB株主から株式を購入していく。だが、問題が立ちはだかる。前述のとおり、非上場で株式の譲渡制限があり、名義書き換えには取締役会の承認が必要であった。取締役会は労働組合への名義書き換えを承認しないと通知してきた。そうなると、株主としては認められず、株主総会にも出席できない。困った労働組合は、名義書き換え拒否は、労働組合法七条の不当労働行為(支配介入)にあたるとして(7)東京都労働委員会へ申し立てることを決定し、団体交渉の場で、会社側に通知する。名義書き換え拒否が不当労働行為(支配介入)にあたるかどうかはわからない。だが、東京都労働委員会への救済申し立てのニュースが新聞で報じられ、それを知った大口顧客から労使紛争に対する懸念が広がり、正式申し立て直前に、会社側が名義変更を認める。こうして労働組合株主が誕生した。

初めて出席した株主総会の場で、労働組合は次のような発言をしている。問題となった高利回りの一時払養老保険について「私たち労働組合は五年くらい前から……(この商品の——引用者)収束を早くすべきであると団体交渉の中で指摘してきた。その収束が遅かった。営業部門が一生懸命お金を掻き集めてきて、そのお金を財務が運用するシステムが旨く一致していなかったのではないか。その結果膨大な利差損を抱えて苦しんでいるのが会社の現状ではないか。単純に責任を取れと言うことを言っているわけではないが、定見を持って経営に当たってもらいたい(8)」。

経営危機の背景を認識したうえで、打開策を真剣に考えて経営にあたって欲しいとの労働組合の切実な訴えである。

さらに、会社側から従業員持株会の発足について準備していきたいとの発言に応えて、次のように会社を激励する。

「私たち労働組合は……従業員持株制度を実施してほしいと、それをバネにして将来上場を目指した事業拡大をしていくという提案を何度もしてきた。したがって、大賛成ですので、全従業員に行き渡るような工夫をしてもらいたい(9)」。

増資、従業員持株会、そして株式市場への上場という明るい展望が見えてきたことを歓迎している様子がうかがえる。

これと並行して、労働組合は組合員から経営改革案を募っている。「会社への提言」をテーマにアイデアを募集したところ、二〇〇〇人を超える組合員が積極的に応じた。現場からのアイデアを基に、労働組合は「会社への提言」の組合ビジョンを策定した。株主総会での発言の少し前である。「はじめに」には「この提言は組合員一人一人の創造と活力のコアであり今後の経営を示すベクトルです[10]」と記されている。提言の大きな柱は組織機構改革と本社機構改革であるように見える。前者では、組織階層を減らし、情報交換を円滑にし、意志決定の迅速化を図ることをねらっている。後者では財務運用能力の低さ、商品企画力の低さを指摘し、その向上策を提言している。労働組合は、この提言を団体交渉の場で示し、会社側の対応を求めるが、会社側は前向きに受け止めることはなかった。

そのため、労働組合はさらなる一歩を踏み出す。提言を株主総会に提案し、そこでの議論を経て、実現を図っていこうという方針を決めるのである。だが、この時点では提案権を持つまでの株式を保有していない。そのために、中央委員会で闘争手段として株式を買い増すこと、そのための闘争資金として数千万円を拠出することを決定するのである。

中央委員会では「会社がもし破綻したらどうなるんだ」という意見が出る。委員長は答える。「株券は紙屑になります。だが、投資のために買うのではなく、経営健全化のために買うのだ。そういう意味では立派な組合運動なんだ。だから非常に大きな金額になるけれど、認めて欲しい。ＮＯであれば、提案を取り下げる。その代わり経営は組合をなめたままだ。やっと株主と認められたけれど、わずかな株式しか持っていない。それではわれわれの意見は通らない」[11]。そうした議論を経て、結局、闘争手段として株式を買い増すことが承認された。

3　更生特例法申請

株主総会での提案権を取得した一年半後に、会社は更生特例法適用を裁判所に申請する。前述したように、国内外の保険会社の支援も見込めなくなり、かつ保険商品の解約も進み、財務状況が一段と悪化したからである。「自力再建」を求め、闘争資金を拠出して株主となった労働組合の、ここまでの努力は水泡に帰すことになった。経営側もようやく労組の意見に耳を傾けるようになり、労使関係も改善されてきた矢先のことである。株券は「紙屑」となってしまった。もっとも、委員長によれば「組合員一人あたりにすると数千円であり、お客様が被る分の一部をわれわれが負担したんだと考えればすむ。負債の一部を株主である労働組合が被ったのだ」。

ただ、更生管財人は「労働組合の努力が水泡に帰した」とは見ていなかったようだ。委員長は更生管財人から次のように言われている。「会社は申請を先送りにしようと思えばできただろう。現金は入ってきているので、資金ショートが起きているわけではない。粉飾決算をすればまだ持ちこたえたのではないか。この時点で更生特例法適用を申請したのはなぜかと疑問に思っていた。ただ、申請の決断を遅らせていれば、会社の資産の著しい劣化を招き、結果として従業員の雇用の確保がきわめて困難になったであろう。労組株主による厳しい監視により、良き経営判断を引き出したのではないか」。委員長も「経営陣はいろいろ決断が遅かったのだが、この問題については結構早い段階で手を挙げた。自分で自分の首を切るのだから、大変、勇気のいる行為です。私たちの努力もなんとか貢献したかもしれないです」[12]と語る。

更生特例法申請の当日に戻ろう。会社側から正式に更生特例法申請を知らされた委員長は、同日の夕方から行われた管理職向けの説明会に無断で出席する。そこでは管財人が管理職たちを相手に、経営状況、今後の方針を説明していた。激しい叱咤と熱い激励が飛び交っている。その最中に、委員長は手を挙げて、次の質問をした。「社員の月例給は保証されるのですか、ボーナスは支給されるんでしょうか」。驚いたのは管財人である。破綻処理、更生へ向けての議論をしているところに、いきなり、この質問である。管財人は「この非常時に、ボーナスの有無とは？　部門はどこだ」と鬼の形相で答えたそうである。組合の委員長であると答えると、「この説明会の後で話を聞きましょう」ということになった。

経営破綻で使用者側がいなくなり、交渉相手が消えた。委員長は、更生管財人と交渉すればよいのだろうと安易に考えていたそうである。だが、そう簡単にはいかない。管理職説明会終了後、更生管財人（組合担当として四人が選任された）と組合専従役員五人の間で、次のような話し合いがもたれた。

「委員長、あなたは勘違いしている。私たち管財人は経営者ではない。会社を更生するために国から管財人として送り込まれた。この会社は、現在は国営なんです。経営者ではないから要求をされても困る」

「私たち労働組合は組合員のことを考えて、いろいろな要求をしたいと考えていますが、それをどこに持っていったらいいのですか」。

「われわれに持ってきてもらっても困る」

「管財人のみなさんは誰から任命されたんですか」

「裁判所です」

「では裁判所に行けばいいんですね。裁判所の民事八部の裁判官に、細かな要求を直接、持っていきます。私たちは専従役員で、何千人もいる組合員を助けるために、そのくらいの覚悟はあります」

「それはちょっと待ってくれ(13)」。

こうして当日中に、労働組合は交渉ルートを構築することに成功する。委員長は株主になった経緯、その背景を説明するとともに、会社再建に対する労働組合の姿勢を管財人に伝えている。「合理的に納得できるものであれば、リストラだってちゃんと議論して、組合員を説得できる。そういう組織なんだ。これまで経営改革を求めて経営と闘ってきたんだ」。管財人はこれに次のように答えたそうである。「まず緊急に対応してほしいものを挙げてほしい。具体的にいろいろ知恵を貸して欲しい。お客様をつなぎとめるためにも短期間で会社を再建する必要がある。だから組合も協力して欲しい」(14)。

4　緊急対策

翌日、中央執行委員会が開催される。全国から役員が集まってきた。更生特例法申請の経緯と現状、今後の対応などについて話し合う。翌週にも臨時の中央執行委員会と中央委員会を開催し、今後の対応策が検討される。更生管財人への要望、組合員へのメッセージの伝達、更生計画に関する組合の基本的考え方の策定が緊急対策として講じられる。

更生管財人に対して「緊急に対応してもらいたいこと」として求めたのは次のことである。①支社、営業所にガードマンを配置する、②取引先の団体宛てに更生管財人名の文書を配布する、③生命保険契約者保護機構のマニュアルを入手する、④出来高払いの営業社員の査定、給与を配慮するなどである。①は憤った顧客が現れた場合に社員を守るため、②は大口の団体顧客の動揺を鎮めるためであろう。③については後述する。

④についてやや詳しく説明しよう。更生計画策定中は、業務の大半は停止になり、契約者は契約を解約できず、他方、営業社員は保険商品を販売することはできない。契約者はこの間も保険料を払い込まなければならない。そうしなければ保険契約が『失効』する場合がある。もちろん、計画策定中に保険事故があれば、定められた保険金の九〇%以上が支払われる。(15)更生計画策定中であっても、保険料は入ってくるし、解約もストップされるため資金ショートは起こらない。したがって、更生管財人が了承すれば、賃金を支払うことはできる。

ただし、固定給の内勤職員とは異なり、外勤の営業社員の賃金には一定の配慮が必要となる。営業社員の賃金は固定給と歩合給からなるからである。歩合給は新規契約高の一定割合が、一定期間(たとえば一年間)支給される。業務がストップしている間は、新しい契約を獲得することはできない。そのため、経営破綻前の一定期間内に販売した保険商品にかかる歩合給は支払われるが、新規契約を獲得できない以上、歩合給は減っていくことになる。組合が求めたのは、一定額の歩合給を営業社員に保証することである。更生管財人との話し合いの結果、破綻前の半年間に支給した歩合給の一カ月あたりの平均額が「保全手当」(16)として支払われることになった。

委員長は組合員へ次のような趣旨のメッセージを伝えた。現在の手続は、会社再建をめざすものであり、従来の生保破綻とは大きく異なっている。組合としても早期の会社再建のために全力で取り組む。更生管財人からは「この会社の営業価値の保全をはかっていただきたい。すなわち営業力を保全することである。会社の価値は人であり、営業力である。どうか皆で一致協力して再建を果たしたい」との言葉をもらっている。また、営業社員の賃金や査定などについても善処したい（上述の保全手当のこと）という意向が示されていることも伝えた。

更生特例法申請の二カ月後には、組合は更生管財人に対し「会社更生計画に関する基本的な考え方」を申し入れている。この文書は「契約者の保護」「雇用と労働条件・債権の確保」「健康・安全面の配慮」「更生計画への協力」からなる。「雇用と労働条件」に関しては、経営破綻の責任が何よりも旧経営陣にあり、その責任を明確にすることが先決であり、また、すでに、破綻直前に、数百名にも及ぶ人員整理（希望退職の募集）、ボーナスの大幅引き下げ、賃金の昇給ストップがなされており、これ以上の切り下げは「断じて応じることが出来ない」。「健康・安全面の配慮」では、顧客対応に奔走する組合員の健康への配慮を強く要望するとともに、再建後の「契約内容変更通知」に伴い予想される過重労働を軽減するような措置を準備するよう依頼している。「更生計画への協力」は、組合が協力できるような「組合員の生活を尊重した合理的な計画」を立案し、要員計画、配置計画などについては労働組合と事前協議をするよう要請している。

更生管財人は、労働組合のこうした要請に、まじめに対応したと考えられる。委員長の言うように「会社には、経営陣はいなかったから、現場でどんなことが起こっているのかについての情報は入ってこない。だから管財人も組合を頼るしかなかった。『現場のことはわからないので、情報はどんどん上げてください』と言われた。組合としてはやれるかどうかわかりませんけれど、できる限り会社再建に向けて協力します[17]」と宣言した。

5　説明マニュアルと現場の動揺

更生特例法申請の翌週、臨時の中央執行委員会、中央委員会を開催したことは前述した。中央委員会の場で、現場が顧客説明マニュアルを求めていることがわかり、すぐに更生管財人にその作成と配布を要請する。だが、管財人は対応できないとの返事だった。その代わり、「労働組合が組合の責任で作成し、それを組合員に渡すのは構わない。そのマニュアルを持って、これは組合の資料ですと断って、営業社員が顧客に説明するのならば問題ない[18]」との回答を得た。管財人の承認を得たので、説明マニュアルを組合の責任で作成することにした。申請直後の二日間で作成し、全職場に配布している。

説明マニュアルそのものは、調査では入手できていないが、生命保険契約者保護機構が作成

している資料から、おそらく次のような内容なものが作られたと思われる。(19)

①保険業法によって生命保険契約者保護機構が設立されており、この機構が生命保険会社破綻の場合には、保険契約を継続させ、保険契約者の保護を図ることになっている。

②更生計画策定中は、保険契約の解約はできず、また保険料を払い込まないと契約が失効する場合がある。

③更生計画策定中に保険事故があった場合、当該保険会社と生命保険契約者保護機構との間で「補償対象保険金の支払いに係る資金援助に関する契約」が締結されていれば、保険金の九〇％以上が支払われる。すでに、協栄生命は同契約を締結している。

④更生計画が承認され、救済保険会社が現れた場合、保険契約は新しい会社に引き継がれる。生命保険契約者保護機構は法律に則り、新会社に資金援助を行う。引き継がれた保険契約に定められた保険金額が、更生計画中の保険事故に対して支払われた補償対象保険金額を上回る場合には、その差額が追加して支払われる。したがって③で示された九〇％以上が一〇〇％になることもある。

⑤新しい保険会社に引き継がれた保険契約を解約する場合、一定期間内に限り、早期解約控除制度が適用され、通常の解約返戻金等(20)より少ない額しか戻ってこない。

⑥救済保険会社が現れない場合でも、生命保険契約者保護機構が設立する子会社ないしは保

護機構自体が保険契約を引き継ぐ。このケースで保険事故が起こった場合、責任準備金（契約者が支払った保険料の一部を積み立てたもの。一般的に、支払った保険料の総額を下回る。注15を参照のこと）の九〇％以上の範囲内で保険金が補償される。

委員長によると「生命保険契約者保護機構については、現場にも一応、情報は流れているんですけれど、個々の営業社員にまでは伝わっていないですから、ましてや説明のノウハウなどは持っていないので、このマニュアルが一番最初の良い営業支援でしたね(21)」。

組合の専従者たちは更生特例法申請の一週間後くらいから、全国を飛び回っている。組合員、とりわけ営業社員の動揺をなだめ、顧客への対応方法を教え諭すためである。動揺は大変なものだったらしい。委員長は次のように語る。

「精神的にはとんでもない世界で。こちらが組合員のみなさんに状況を説明している最中に、ぼろぼろ泣き出してくる組合員もいるわけです。感極まって。お客様対応で不安で、半分、うつになりかけているような人もいる。特にお客様が多い人はやっぱり自分を信用して保険に入ってもらったわけです。もう町を歩けないくらいに。営業社員ではないわれわれの感覚とはまったく違うんですよ。銀行や証券会社が破綻したのと、そこが違うんです。営業社員は自分のお客様に縁故、知人、近所の人を抱えていますから。大丈夫かなと思いながらも、でもお客さんにそんなことは言えない。私たち組合専従者の顔を見て、こういう資料があるから、こういうふうに説明してというのを聞いたら、組合員はものすごく安心するわけですよ。東京の有楽町駅のすぐそばに生命保険協会というのがあって、その一角に生命保険契約者保護機構があります。保険金は守られますよ、予定利率の変更で少し減るかもしれませんけれど、全部なくなるわけではない。『破綻すると保険金は全部なくなるんですか、保険証書は紙屑になるんですか』と聞かれるので、『とんでもない、そんなわけではない』と資料で説明する。お客様の一番の安心は、組合員が私らと接して安心するのと同じで、担当者が会いに行って、それだけでも一安心する、その上で、きちんと説明する」[22]。

委員長の書いた文章に掲載されている次のエピソードもまた、この間の営業社員の悩み、苦しさを物語る。

「この半月は無我夢中でお客さまのところへ訪問し、お詫びと状況説明に追われれました。お客様の中には『ペテン師』など厳しい言葉を投げかける方もおられましたが、ほとんどの方からは『あなたのせいじゃないんだから、気落ちしないで』と慰めて頂きました。

あるお客さまのところにお詫びにいった時のことです。『あなた、もしかしたら何も食べていないんじゃない？　まだ仕事があるのにそれじゃあ大変よ。よかったらうちで食事していきなさいよ』と勧められました。正直言って、前日の夕食もその日の朝食も全く喉が通らなかったのです。自分では気付かなかったのですが、きっとその時の私は疲れ果てた表情をしていたに違いありません。

遠方のお客様には訪問もままならず、とにかくお詫びだけでもと、夜になってから電話をかけ続けました。多くのお客様に『ご丁寧にどうもありがとう』とお礼を頂きました。中には『よくぞ忘れないでいてくれました。情報が少なくて困っていたんですよ。それはもう不安で不安で』と、泣かんばかりに感謝されるお客様や『地獄で仏にあったようです。あなたのことをますます信用します』と身に余る言葉を頂くこともできました。これからもお客様の身になって生きていこうと思います[23]」。

6 合理化計画

経営破綻から四カ月後、更生管財人から次のような合理化計画が提案される。保険契約の継続率を六〇％と見込んだ場合、長期勤続の内勤総合職を中心に三分の一削減する必要があるとの提案であった[24]。削減方法は希望退職の募集であり、会社都合退職による退職金のほかに早期退職加算金、希望退職特別加算金（年齢、勤続年数に条件がある）の支給が募集条件とされた。

労働組合は、更生計画認可に伴う営業再開と契約内容変更個別通知の発送により、顧客対応が一時的に負荷が増えることが予想されるため、募集人員の削減と加算金の上積みを要求した。

労使協議の結果、人員数削減と一部加算が認められた。実際に希望退職に応じた従業員は当初の会社案に近かった。

営業再開後に、組織体制、要員計画の大きな変更が予想されるため、労働組合は配置転換、職種転換に十分な配慮を行うこと、雇用を一定期間は維持すること、人員削減にあたっては希望退職募集を採用し、営業職への採用、再就職支援をすることなどを求めている。

7 組合費値上げ

申請の半年後、更生計画が認められ、海外の総合金融グループの子会社の生命保険会社、ジブラルタ生命として再出発することになった。

だが、それで組合の役割が終わったわけではない。上述のような組織体制の変更、職種転換、配置転換などが予想され、かつ営業社員制度や賃金制度の変更が計画されていた。全国を回り、職場の状況を把握し、これらの課題に対応する必要があった。委員長によると、「営業再開後は、分会レベル、支部レベル、全部、回りました。今後、どうなるかを説明しに。当時は営業社員制度も給与体系も保護されただけで、新しい制度、体系はどうなるのか、組合の組織はどうなるのかを説明するためです[25]」。

だが、問題が立ちはだかる。これまでの経緯から容易に想像できるように、従業員数はこの間、大きく減っている。営業職員はこの時点で半減しているし、内勤職員も三分の一減っている。従業員数の減少は、組合員数の減少であり、組合財政のひっ迫を招く。

再出発した年度には、中央執行委員を三割減らさざるをえなかった。このままでは十分な組合活動を展開できなくなるおそれがあった。そうした困難が直前に迫っているというわけではなかったが、二、三年後には危ういのではないか。そう委員長は考えた。そこで思いついたのが「組合費値上げ」である。組合費を定額方式（月額一三〇〇円、年二回のボーナス時には別途一定金額を徴収）から定率方式（収入×一・〇%、一二〇〇円〜六〇〇〇円／月）へと変えたのである。[26]

会社組織の変革、人事制度の変更。いずれも重要な課題である。これに組合費値上げが加わる。再出発の翌年度の「三月から四月にかけて、毎日のように回っていました。当時分会は一二〇近くあったから、それを五人の専従で手分けして回る。だいたい、二カ月かかるか、かからんかぐらいで全分会を回った」[27]。

組合費値上げへの反論は「もちろんありましたよ。高所得者からは凄い圧力。ばんばん抗議の電話が携帯にかかってくる。強烈にかみついてくるのは少数ですがね。ただ、現場では非専従の役員にはそうとう、抗議が行っていたと思います」[28]。委員長の言い分は次のようである。「組合費の値上げは嫌だというのならば、組合を消滅させるしかない。消滅がいいのか、継続がいいのかということです。なくなったら大変ですよと。そしたらみなさん困ると言ってくださる」「組合費を値上げしないで何とかできるかと聞かれて、それはできます。専従者を減らして、やるべきことを減らしていけば、一定の予算内でできます。だけど、それだったら交渉力落ちますよ。今、私たちが現場を回って、みなさんの組合費で私たちは雇用されていて、会社から賃金をもらっていないから、こうして現場を回れますが、それができなくなります[29]」。

大会で正式に組合費値上げを提案する。だが、職場にいる非専従の役員がちゃんと組合員を説得していないことが判明する。大会の場で、代議員から質問、批判が出る。委員長は次のように説得を試みる。「組合費値上げをしなかったらどうなるのかと聞かれたから、私は組合役員を辞めて、会社に戻ります。委員長が辞めちゃったら組合はどうなるの、こんな時に委員長を引き受ける人はいないでしょと言われる。私もそう思う。交渉力を落とさないためにも、組合費を上げておかないと。私は自分の役職をかけて提案します。否定されたら、あっさり辞めます。再度、提案することもありません[30]」。なかばおどしである。結局、大会ではほぼ満場一致で組合費値上げが承認された。中央執行委員も以前の人数に戻すことができた。

8　新たな出発

海外の総合金融グループ系列のジブラルタ生命として再建された。労働組合も労働協約もそのまま承継された。委員長によると「労使関係は順調に推移した」「更生計画策定、その後の再出発、ここではベクトルは労使ともに全く同じなんです。もちろん、賃金や雇用ではベクトルは同じではありませんが、経営再建では同じなんです。従業員が一番安心するのは、一度つぶれた会社なので、労使がともに尊重しあうことなんですよ。社長を組合の定期大会に呼んだんですよ、初めて。そうしたら『いいよ』ということで。社長は大会で『労働組合の意見をちゃんと聞きます』と宣言してくれたのです(31)」。

その後、経営トップは日本人から外国人へと変わった。外国人トップに、定期的に、非公式のトップ会談(32)を行いたいと申し入れたら、これも承諾された。

外資系企業になったことによって、賃金制度が大きく変わった。営業社員の賃金制度は全額歩合給（ただし最低保証はある）になった。内勤社員については年功給が廃止されて、資格給が導入された。評価制度も導入され、昇給、昇格に反映されるようになった。委員長によると「若手は大喜び。勤続六年未満は間違いなく大きくあがる。ただ、そこからは昇格していかないと上がらない。ジョブ・ポスティング制度が導入されて、資格の高いポストが空けば、自分で手を挙げて応募し、合格すれば昇格するという仕組みとなった[33]」。

こうして新たな出発をとげたことを当時の委員長がどうとらえているかを綴って、終わりにしよう。「私は、会社の再建ができなくて、経営破綻をしてしまったので、失敗だと思っています。私たちの運動の目標は自力再建であり、悪くても内外の保険会社に買収されて立ち直ることであった。経営破綻して更生というのは最悪のパターンだった[34]」。しかし、この労働組合の苦闘ぶりをここまで描いてきた私には、十分すぎるほどの成功を収めたように思えるのである。

（1）調査対象者から実名での報告を許可されている。

（2）正式には「金融機関等の更生手続の特例等に関する法律」といい、金融機関が経営難に陥った場合、裁判所に適用を申請し、この申請を裁判所に受理されると、更生手続が始められる。破綻処理の一種だが、事業を清算するわけではなく、経営を存続し、再建を目指す。二〇〇〇年六月からは生命保険会社についても適用されるようになった

（3）樋口広寿元委員長へのインタビュー記録（二〇二一年一〇月二〇日）による。

（4）株式の譲渡にあたっては取締役会の承認が必要であった。

（5）協栄生命持株会準備会会報一頁より。
（6）同上資料一頁。
（7）「支配介入」とは「労働組合が使用者との対等な交渉主体であるために必要な自主性（独立性）、団結力、組織力を損なうおそれのある使用者の行為の類型であり、使用者の組合結成・運営に対する干渉行為や諸々の組合弱体化などを内容とする。『経費援助』も、同じ趣旨で、これと並んで不当労働行為とされる」（菅野（二〇一九）一〇二七頁）。
（8）協栄生命労働組合「定時株主総会概要報告」三頁。なお、労働組合の責任において編集された文章であり、会社との間で発言に関して確認はしていないとの断り書きがある。
（9）同上資料六頁。
（10）協栄生命労働組合「会社への提言・組合ビジョン」一頁。
（11）前出樋口委員長インタビュー記録による。
（12）同上。
（13）同上。
（14）同上。
（15）以上、生命保険契約者保護機構『生命保険会社の保険契約者保護制度Q＆A』および『生命保険会社の保険契約者保護制度』パンフレットより（https://www.seihohogo.jp に二〇二二年四月二七日アクセス）。保険契約が失効すると、健康状態によっては『復活』できない場合があり、また、一定期間を過ぎた場合は、『復活』できなくなる。また支払われる保険金は、破綻した保険会社と生命保険契約者保護機構の間で「補償対象保険金の支払いに係る資金援助に関する契約」が締結された場合、保険金額の九〇％以上が支払われる。
（16）更生管財人が「保全手当」という名称をつけたのは、委員長によると、契約者を訪問して保険契約の保全を行うことに対する報酬ということらしい。
（17）前出樋口委員長インタビュー記録による。
（18）同上。
（19）注15と同じ資料から。
（20）解約返戻金とは、生命保険を解約した際に戻ってくるお金のことである。生命保険会社は契約者が支払った保険料の一部を責任準備金として積み立てており、この積立金の一部が、途中解約時には解約返戻金として契約者に戻される。一般的に解約返戻金は払い込んだ保険料の総額を下回る。早期解約控除制度が適用されると、解約返戻金はさらに少なくなる。以上、注15の資料より。
（21）前出樋口委員長インタビュー記録による。
（22）同上。
（23）樋口広寿（二〇〇七）二九頁。
（24）営業職員はすでにこの時点で半減していた。もともと営業社員、とりわけ若年層の離職率は高い。彼らには自己都合の退職金が支払われている。
（25）前出樋口委員長インタビュー記録による。
（26）その後、地区で独自に徴収していた組合費を本部に吸収し、収入×一・三％（一五六〇〜

七八〇〇円）に変更した。

(27) 前出樋口委員長インタビュー記録による。

(28) 同上。

(29) 同上。

(30) 同上。

(31) 同上。

(32) 委員長によると、日本の大手電機メーカーでは「労働組合の委員長と社長が定期的に会っている。毎月に一回程度。そこで組合の委員長から従業員の生の声を伝えている。記録も残さない。こういう場を設けませんか」と求めたところ、すんなりと受け入れたそうである。

(33) 前出樋口委員長インタビュー記録による。

(34) 同上。

B　労使二人三脚の本業回帰

1　経営危機と民事再生

この事例の経営危機はバブル期における過剰投資によってもたらされた。メインバンクの勧めもあり、生産拠点の増設、福利厚生施設の取得などを積極的に進めたことが財務を圧迫した。もちろん、バブル経済崩壊後の景気悪化が売上高の低迷をまねいたこともあるが、債務超過に陥った最大の原因が過剰投資にあったことは間違いない。

主力製品は「ＪＩＳ（日本産業規格）で守られており、海外からの製品と競合することはなく、日本向けに製品を生産、納入していれば、事業は継続していける業種です。もちろん多少、単価の上下はあるかもしれないが」と組合リーダーは語る。経営破綻する数年前にも、赤字が続いたため、営業所の統廃合、工場閉鎖、人員整理、賃金引き下げなどを実施している。だが、主力製品の受注の落ち込み、競争激化による単価下落は予想を上回り、こうしたリストラの成果が実ることはなかった。結局、過剰投資によって膨らんだ借入金負担が重くのしかかり、メインバンクが経営危機に陥ったこともあって、民事再生法[1]の適用申請に踏み切る。

民事再生手続では、債権者の過半数の同意（債権額、債権者数ともに過半数[2]）を得たうえで、経営陣が再生計画を立案し、裁判所の認可を得た後に履行し、再建を目指すこととなる。裁判所の選任する監督委員は更生計画の立案、履行プロセスを監視する役割が期待されている。同じく裁判所が関与する会社再建手続として会社更生法によるものがあるが、民事再生手続では、会社更生手続とは異なり、裁判所が選任する管財人ではなく、経営陣が交代することなく再建にあたることができるという違いがある。この事例では社長は責任を取って相談役に退き、副社長が社長代行に就任している。

適用申請はただちに受理され、一週間後に債権者集会が開催される。その集会で社長代行が「申請前に納入実績のある（取引先——引用者）に発注や指名の継続をお願いした。品質と納期を守るのであれば、従来通りと回答を得た。材料などの仕入先にもこれまで通りの取引を続けると言われている[3]」と述べている。受注や生産の明るい見通しを述べることによって、再生へ向けた支援を強く依頼している。もっとも、後述するように、支援は順調に進んだわけではない。

民事再生法適用申請後も、生産は通常どおり行われている。「最初の一カ月はキャンセルが約四〇億円に上った」[4]が、工場はフル操業だった。組合リーダーによると「部品、材料、燃料の調達には苦労したが、何とか乗り越えた」。賃金も未払い、遅配はなく、順調に支払われた（賃上げはなく、一時金もごくわずかであったが）。もっとも、前述したように、申請以前に賃金引き下げが行われていたという事情もある。

経営陣の直面した喫緊の課題は再生を支援してくれるスポンサーと銀行を探すことであった。当時の状況を記した新聞記事によると、「……役員は、スポンサー探しに奔走していた。十数社から申し出があり、▽人員整理をしない▽（二つの――引用者）生産拠点を維持する▽本社を移さない――の三つにこだわり、交渉を重ねた[5]」。支援に積極的な企業も数社あったが、ほとんどが「大規模なリストラ」を求めたため、交渉は実を結ばない。そんなとき、手を差し伸べたのが投資ファンドである。その理由として「技術力と、納入先の評価の高さから、再生できると判断した[6]」ことが挙げられている。

投資ファンドの支援を受けて策定した再生計画案では、資本面では一〇〇％減資し（既存株主の保有する株式価値をゼロにし、したがって彼らは株主ではなくなる）、新たに株式を発行して第三者に割り当てる（これを投資ファンド等が引き受ける）という手続きが取られることになっていた。また、一般債権（担保権が設定されていない）の多くを免除してもらい、残りを一定期間内に弁済することも計画していた。生産面では、二拠点工場を残すが、残りの四工場を売却し、営業所の二割強を閉鎖し、営業職を中心に人員削減するとしていた。こうした内容の再生計画案が、民事再生法適用申請の半年後に、裁判所に提出されたのである。その三カ月後、裁判所主催で開催された債権者集会において、債権免除が九割以上の賛成多数で認められ、再生計画が裁判所によって正式に認可されることになった。二カ月後に開催された臨時株主総会において、新しい役員が選任された（社長代行が社長に選任された）。民事再生法適用申請から一一カ月後のことであった。投資ファンドからは会長と副社長が派遣された。

再建は極めて順調に進んだ。再生計画確定後、初年度で黒字転換し、残された債権も弁済した。わずか一年で再建完了したのである。しかも再生計画に盛り込んだ人員削減を行わずに済んだ。その二年半後には再上場を果たしている。投資ファンドは再上場を機に、保有株式の一部を売却し、初期投資分を回収している。残りの保有株式に関しては「市場外でも納入先や取引先で安定的に持ちたいという会社があれば、そちらに売る。その際も（現——引用者）社長らの意向を聞いて対応する」(7)と述べている(8)。

この事例では、労使が一体となって二人三脚で再生に取り組んだ。以下では、労働組合の取組を詳細に見ていこう。

2　適用申請と組合の対応

実は会社が民事再生法の適用を申請する以前に、労働組合のリーダーたちは経営危機に陥っていた企業を救うための手段として、民事再生法に注目していた。加盟する産業別組織が主催する政策・制度討論集会の民事再生法に関する分科会に参加している。新しく制定された民事再生法では「債権者に債権放棄していただいて、事業を継続することもできるじゃないですか。これしかないって、そのとき思いました。（会社が――引用者）いつまでも決断しないのであれば、組合のほうから、月例の労使協議会の場で、民事再生法の適用を申請してくださいと提案しようかというところまで考えていました」。執行部内では、「このまま共倒れするくらいだったら、会社に民事再生法の適用申請を提案するときが来ることも考えなければいけないね」というようなことを言っていました。ただ、「執行部どまりです。一般組合員にそんな情報が流れてしまうと、会社がつぶれてしまうかもしれないと言う噂が流れてしまい、とんでもない事態になります。上場企業の労働組合としての責任を自覚していました」。

実際には労働組合は労使協議会の場でそうした提案はしてはいない。社長が単独で決断したのである。申請日前日に、当時の社長から組合に本社に来るよう連絡が入る。「もう、その時点で適用申請だねとわかりました。やっと決断してくれた」と。社長は委員長、書記長に対し「今から役員会を開くがその前に話しておきたい。今日、民事再生法の適用を申請したいと思っている。組合として賛同してくれるか。今なら従業員を助けられる、従業員を残したまま再生できる。このタイミングを逃したくない」と語ったそうである。委員長と書記長は二つ返事で「お願いします」と答えている。

組合リーダーは述懐する。「経営者たちは、バブルで間違ってしまったけれど、最終的には従業員のことを考えて判断された。やっぱり、経営者としたら最後まで自分で経営したいわけですよね。でも、そうやって二進も三進も行かなくなって全員解雇という道を辿るのではなく、ここで退くと。素晴らしい判断だったのではないでしょうか」。

申請当日は大変だったらしい。組合リーダーによると「役員会で申請が決定されると、すぐさま役割分担が次々と決められました。工場の門を閉鎖する係、放送で従業員を食堂に呼び出して説明する係、報道各社や県庁・市役所、さらには警察へ連絡する係が矢継ぎ早に決められました」。警察への連絡は、債権者が押し寄せて、原材料、資材を運び出すのを防ぐためだったらしい。

労働組合としても、組合員に対する説明を行った。会社が民事再生法適用を申請したこと、再建へ向けて動き出すこと、生産は継続することなどを組合員に伝えている。適用申請直後に出された機関紙には次のように書かれている。「民事再生法の適用を申請したということは、決して、会社を清算したり破産したりすることではなく、そうならないように、早めに法的手続きの下で再建を図ることですので、組合員の皆さんは動揺せずに日常業務に専念してください。給料等労働債権は優先債権であり、今後も毎月きちんと支払われます」(9)。さらに民事再生法は労働組合の関与を重視していることにも触れて、労使一体となって再建に取り組んでいくことを組合員にアピールしている。(10)

組合員の反応は次のようだった。「組合員からは、会社がつぶれたのか、これから自分たちはどうなるんだ、またリストラされるのかというような質問が多く出されました。特に、本社から遠く離れたところにある工場では。切り売りされるんじゃないかとか。それに対して執行部が強く言ったのが『とにかく本業をしっかりやっていれば、黒字になる。けれども、辞めていく人が増えれば、お客さんに製品を納入できなくなる。だから、今は辞めるな。もし、辞めなければならなくなったら、組合として退職金の上積み要求をするけど、早まるな』ということでした。実際には辞める人はいませんでしたが」。

更生計画の立案、履行プロセスを監視する役割を担う監督委員から、適用申請に対して組合員はどう感じているのかと尋ねられて、リーダーは次のように答えている。「組合員も多少は動揺しているが、民事再生法の適用を申請したことを冷静に受け止め、組合員として協力すべきこと（生産・品質維持）をやっています。（わが社は——引用者）地域社会に密着しており、労働組合としても会社の再生を念願しています[11]」。

3　支援要請の手紙

この事例の特徴の一つであるが、組合リーダーが再建支援を要請する手紙を債権者と取引先に送っている。手紙は「従業員からのお願い」と名づけられ、委員長名で約五〇〇の債権者と取引先に送られている。その一部を紹介しよう。

「私ども労働組合も、このような時期こそ、納期と品質を守ることが従業員としての責務であることを認識し、全従業員一丸となって会社再生に向け努力をしております」「……再生に向かって行くには、何と言いましても……債権者（お得意様——引用者の追記）の皆様の深いご理解とご支援をいただけなければなりません。」「是非、今後におきましても、……私どもに再生に向け努力する機会を与えていただきますよう、従業員を代表しまして、心からお願いを申し上げる次第でございます」。

住所、宛名は委員長直筆である。「『心を込めよう』と委員長が自らペンを持った[12]」。私が聴き取りを行った組合リーダー（当時の委員長ではない）によると「やっぱり労使一体で乗り越えなければならないという考えはありました。民事再生法は、あらゆるところで労働組合が関われる法律でございますので、いろいろ勉強しながら、労使で一緒に再生しようという気持ちが強かったと思います」「メーカーや取引先の社長や奥様からも、組合の委員長からこんなお手紙いただいたと言ってくださって。やはり心は届いたんだなと」。

4　産業別組織の支援

この事例のもう一つの特徴は、加盟する産業別組織の強力な支援を受けることができたという点である。これについて組合リーダーは次のように語る。

「これは偶然がいっぱい重なっています。加盟していた産業別組織の当時のトップは、私たちの組合のリーダーの一人と血縁関係にあったんです。だからわが社のことは以前から知ってらっしゃった。民事再生法適用を申請したというニュースは、ダイレクトにトップに行きました。何だと、えらいことが起きちゃったぞって思っていただけたんだと思います」。

適用申請の二週間後には産業別組織の組織局長が当組合を訪問し、民事再生法の内容と産業別組織の協力体制を説明している。その直後に、会社側とも会談し、今後の日程や労働債権の確保、法の下での再生に向けて労使が最大限の努力と協力を行うことを確認している。

産業別組織の支援はそれに留まらなかった。この企業が生産する製品の納入先企業を組織する産業別組織からの支援も受けることになったのである。再び組合リーダーによると「トップ同士がよく知っていた。うちの方の産別トップが会いにいって、直接、話をして協力するようお願いした。すると、じゃあ、会社のトップに電話しておくからと」。

加盟産業別組織の会長名で出された支援依頼文書には次のように書かれている。

「（私たち産業別組織――引用者）も、何としても企業再生を果たさせ、雇用の確保をはかることが労働組合にとっての社会的責任であるとの認識に立って、（当該企業――引用者）労使の努力を支えていく所存であります」「しかしながら、……再生を図っていくためには、継続して仕事を確保していくことが不可欠であります」「つきましては、……同社の最大のお得意先であります（貴産業別組織）傘下の関係企業ならびに労働組合を訪問し、労使の皆様方に（同労組――引用者）の組合員一丸となって企業再生のために努力していることをお伝えし、ご支援・ご協力をたまわりたいと思っております」。

5　取引先訪問

会社としては、民事再生法適用申請直後から、当然、取引先を訪問し、取引の継続を依頼していた。だが、なかなかうまくいかなかった。組合リーダーによると「やはり当時の役員が製品の納入先企業に説明をさせていただきたいとか、お伺いしたいと言っても、門前払いになっていたわけです。取引先は大企業ですし、そこに倒産しかかっている会社の営業マンや役員が何度行っても会ってもらえないのは当然です。取引先としても、会社の方針として取引を継続していくということが決まっているわけではない。しっかりと検証して、取引を今後も継続していいのか、悪いのかが決まるまでは会えない。取締役会で方針が決定するまでは難しい。こちらとしては早く説明にあがりたいと思っていても、会っていただけない」。前述のように、申請直後の「最初の一カ月はキャンセルが約四〇億円に上った」のは、そのためである。

二つの産業別組織の支援を受けた取引先訪問はそうした状況下で実施されることになる。会社宛てには「組合としてのお得意先への支援要請の件」と題する文書が発出されている。そこには二つの産業別組織の協力を得て、取引先企業の労働組合を訪問することが書かれている。組合リーダーによると「九州から東北の得意先を労使で訪問しました。取引先企業の組合が加盟する産業別組織のトップが、各企業の労働組合のトップ、そして社長にも声をかけてくださったようです。組合側は委員長、会社側は資材部長とか人事部長。こちら側は委員長と副委員長、そして会社役員、支社長が同席して、取引の継続をお願いしたわけです。当社の相談役（元社長——引用者）、社長代行が行ったケースもあります」。

この間の事情を記した新聞記事によると次のようである。申請後一カ月を過ぎる頃になると、「納入先の直接訪問を始める。上部組織の協力を得て委員長らが全国を飛び回った。行く先々で労使双方の代表と会い、頭を下げた。『労使が一丸となって再生する。発注を続けていただきたい』」「訴えは届いた。仕事は途絶えることがなかった。そして、執行部の懸命な活動に応え、製造現場は生産効率アップにまい進した[13]」。

初年度での黒字転換はこうした労使一体となった努力があったからである。

6　投資ファンド

この事例のもう一つの特徴は投資ファンドの支援のあり方である。

投資ファンドが求めたのは黒字化であった。「投資ファンドから来た会長の条件は、とにかく黒字にしろ、でした。黒字であれば何も文句は言わない。社長が経営状況をご報告にいって、説明して、ハードルをクリアしていれば何も言わない。会長は素晴らしい人格者だと思います」と組合リーダーは振り返る。「最初、お会いした時、会長はみんなをお金持ちにしてあげたいんだ、だから黒字化が絶対だと言われました」。

会長は就任時に、全社員を対象としたストックオプション制度を創設する方針を表明している。希望する社員は、一定の限度額まで、株式を購入することができる仕組みが作られた。再上場後、株価は四倍になったというから、購入した社員は「お金持ち」になった。

実際に経営にタッチしたのは投資ファンドが派遣した副社長だった。ただ、生産や営業というよりも、財務関係（販売管理費、労務費、材料費等）に関心を寄せて、「普通の経営者としての仕事をしていたと思います」。労働組合と対応したのもこの副社長である。副社長は労使協議、団体交渉にも出席し、いろいろな交渉ごとにも関与している。組合リーダーによると「副社長は紳士的に対応していただきました。ただ、驚くような提案もされることもありました」。

一例をあげよう。家族手当の廃止をめぐる協議である。配偶者五〇〇〇円、子供一人三〇〇〇円という家族手当の廃止を提案してきた。配偶者の有無、子供の有無で、会社への貢献度が異なるわけではないという理由である。その代わり、別の名目で公平に配分したいとの提案である。

組合の反論は次のようである。「賃金は安い。安いままだったら結婚できない。結婚して、子供ができて、一万円手当がもらえれば、新しいアパートを借りることができる。家族手当がなければ結婚もできない」。副社長はこう対応する。「新婚住宅手当を付ける。転勤した者、住居移動した者に三年間支給される転勤者住宅手当を新婚の従業員にも支給する」。組合は続ける。「三年たったら、手当がなくなって収入が減る。しかも新人事考課制度（成果主義）が導入されて、高卒直入者など技能が未熟でスキル不足の社員は、どんなに努力しても先輩には敵わない、賃金はなかなか上がらない」。副社長の回答は「それでは高卒直入者は五年間、自動昇格する制度を設ける」。

こうしたやりとりを、組合リーダーは次のように振り返る。「会社の体力から、支払い能力からいって、ここが限度だっていうふうなところはありましたけども、納得できる、とても聞く耳があって、こういう素晴らしい経営者もいるんだなと思いました」。

(1) 「民事再生手続とは、債務超過の恐れのある企業や、資金繰りの破綻などの理由で経営に行き詰ったものの再建の見込みのある企業について、裁判所が選任する監督委員のもとで、従前の経営者が中心となり債権者等の協力を得て事業の再建を図る手続」「会社の代表者は、会社経営の目的で会社の財産を管理・処分する権限を失うことはありません」(第二東京弁護士会倒産法研究会(民事再生法とは ― 第二東京弁護士会 倒産法研究会 (2ben-tousan.com)) 二〇二一年六月三〇日にアクセス)。
(2) 松田・澤野・佐々木監修、古川著(二〇一五)三頁。
(3) 労働組合の『五十年史』に掲載された地方紙の記事より。
(4) 同上。

(5) 同上。

(6) 同上。

(7) 同上。

(8) 実際には、残りの全株式は再建された会社に売却された(組合リーダーへのインタビュー記録より)。

(9) 労働組合ニュースより。

(10) 民事再生に労働組合が関与する機会(主なもの)は、再生手続開始・棄却についての意見聴取(二四条の二)、債権者集会の期日の通知(一一五条三項)、財産状況報告集会における意見陳述(一二六条三項)、事業譲渡の許可の際の意見聴取(四二条三項)、再生計画案に対する意見聴取(一六八条)、再生計画の認可・不認可についての意見陳述(一七四条三項)、再生計画の認可・不認可決定の通知(一七四条五項)であり、また、労働協約は維持されることを前提に処理が進められる(以上、注2書四五頁より)。

(11) 同上労働組合ニュースより。

(12) 同上『五十年史』に掲載された地方紙の記事より。

(13) 同上。

C　リストラ、賃下げ、そしてTOB

1　投資ファンドによるTOB

経営危機を乗り越えるために、外資系の投資ファンドによるTOB（Takeover Bid、株式公開買い付け）を受け入れ（九〇％以上の株式を買い付け）、上場廃止、経営改革を進め、二年度目から黒字転換、四年後には再上場を果たした事例である。この事例の特徴は、TOB以前の数年間、労働組合が労働条件の低下を甘受しながら、経営側に改革を強く迫っていたということである。

TOBを受け入れる以前に、この企業は過去に三回の人員整理を行った事実がある。過去二回の人員整理後、いったんは経営は持ち直すも不景気の煽りも受け、三回目の人員整理をせざるを得ない経営状況に陥った。三回目のリストラが実施された直後に新たに選任された専従の組合委員長は、新聞記事を読んで、あることを決意する。記事には「仲間の首を切って助かっている組合のリーダーはいつまでたっても組合員から信用されない」旨のことが書かれていた。就任直後、組合員には次のような決意表明をしている。「これからは人のリストラは認めない。そのためには何をやるかを考え、実行に移していきます。そう組合員には言ったんです。社長にも、最初の話し合いの時に、これからは安易なリストラは認めませんと宣言しました」。

これが組合政策の基本となる。だが、業績はなかなか上向かない。委員長就任後の一年目、二年目も赤字が続く。だが、「安易なリストラ」は認めない。したがって業績悪化を克服するための主たる対応策は労働条件の引き下げとなる。会社側は基本給一時カット、一時金引き下げ、労働時間の延長を求めてくる。こうした労働条件の一時引き下げが四年間続く。五年目には一時金カット、労働時間の延長に加え、基本給のベースダウン（一時カットではない）が求められた。五年間続いたこうした会社側の要求を労働組合はそのまま認めたわけではない。労働条件の引き下げ幅を縮小させ、他方で、後述するように経営改革を強く求めた。

賃金のベースダウンを求められた五年目には、会社側に対し、事業戦略に関し一つの提案を労働組合は行った。それは赤字の主な原因とみられていた物流部門の改革である。組合リーダーは「この一年間で、物流部門を売却するか、縮小するか、撤退するかを決めてください。このいずれかを選択するというのであれば、ベースダウンに応じましょう」と答えたのである。

実は、物流部門は以前はこの企業を支えた稼ぎ頭の一つだった。だが、ライバルの新製品開発や価格競争で劣勢になり、業績は低迷していた。そのため、労働組合はその改革を強く迫ったのである。会社としても改革に取り組まなかったわけではない。組合リーダーによると、「物流部門の収益改善に向けての三カ年計画を立てて、実施していたんですよ。でも、私から見ると、結論を言えば、経営陣の取り組みは甘かったと思いました。赤字は続いていました。だからこそ、組合として売却、縮小、撤退、もうこれしかないと強く迫ったのです。経営陣は強く反発しました」。

投資ファンドがＴＯＢを発表したのは、その数カ月後である。メインバンクの勧めもあって、経営陣も公開買い付けに前向きであった。投資ファンドは株式の九〇％以上を取得した。経営権を取得したが、従来の経営陣は残し、日常的業務運営は任せた。二カ月後には上場を廃止した。

投資ファンドから派遣された役員は、もっぱら経営改革に取り組んだ。本社ビルの売却、さらに生産工程改革である。在庫削減と多品種少量生産の受注生産化に取り組んだ。組合リーダーによると、それ以前は三カ月分の在庫を保有していた。「倉庫に財産が眠っている、在庫圧縮を考えなさいとファンドから派遣された役員は言いました。そのためには生産リードタイムを短くする必要がある。それまでも在庫削減に取り組もうと会社は言っていましたが、改善はなかなか進まなかった。現在では、その時の改革のおかげで、ほぼ受注生産になっています。一部、在庫はありますけれど。投資ファンドがコンサルタントを活用して、生産工程の改革を進めました」。

改革は生産工程にとどまらなかった。「営業も以前はパンフレットを代理店に置くだけで、『社長頼みますよ』で売れていた時代もありました。投資ファンドが入って、そんな殿様商売のような営業の仕方を見直すことを勧め、海外の販路ルートの開拓もファンドの指導の下に行いました」。

組合リーダーは言う。「要するに、それまでは甘い経営だったんです。私が執行部に入ってからずっと、『同族企業で、責任を取らない経営者だ』と言い続けていたんです。経営陣からは『執行委員のくせに生意気言うな』と言われていましたけど。それがＴＯＢされて、投資ファンドから派遣された役員が、経営計画をきちっと立てて、それがどう達成されたかをチェックする。達成できていなかったら、どこに原因があるのかを探る。こうしたことを投資ファンドは経営陣に強く求めました。投資ファンドが入って来て、従業員も経営陣も意識が大きく変わりました」。

物流部門は投資ファンドの意向もあって、同業他社に事業譲渡された。

こうした急速な経営改革が功を奏し、また景気も回復したこともあって、二年度目から黒字転換する。TOBから四年後に再上場を果たし、投資ファンドは株式の大半を売却し、収益をあげた。

投資ファンドがこの企業を再生させたように見えるが、従業員たちの思いはやや違う。組合リーダーによると次のような思いがある。「労働条件の引き下げ、物流部門の大胆な改革を労働組合と会社が話し合いながら進めていって、会社再建の方向性が決まりつつあったところに、投資ファンドが途中から入ってきて……。投資ファンドの手腕で再建されたと見られるのは、従業員としても、ちょっと首をかしげるような気持もある。もちろん、経営をしっかりするようになったのは投資ファンドのおかげだと思いますけれど」。

以下では度重なる労働条件の引き下げ、経営改革、投資ファンドへ労働組合がどう対応してきたのかを見ていこう。

その前に、この事例における労使関係が厚い信頼関係に支えられていることを見ておくべきであろう。労働組合は創業者の呼びかけで設立された。組合リーダーによると、創業者が古参の従業員に対し「従業員には従業員の言い分があるだろう。言いたいことがあるだろう。従業員の言い分と会社の言い分を互いに出し合うことが、会社を大きくしていくために必要ではないか」と問いかけたことが労働組合設立のきっかけである。「労使関係を大事にしていこうという精神は、社長一族に連綿と受け継がれていると思います」とリーダーは語る。決算で黒字になる（一定の営業利益率を超える）と、決算賞与が支給されるという制度が現在でも残っている。これは「従業員は家族の一員で、労使関係は大切だという経営陣の精神が今でも生きていることの表れではないかと私は思っています」。

2　委員長就任と労働条件の引き下げ

企業再編に立ち向かったリーダーが専従委員長に就任したのは、前述したように、三回目のリストラが実施された直後である。就任にあたって、経営状況および改革の方向性について次のように考えたそうである。「私は、うちの会社は恐らくつぶれないだろうと思っていました。しかしこのままでは駄目だ。このままいったら会社は倒産の危機に陥る。じゃあ何をどうしなきゃいけないかっていうことを、承諾するまでの間に考えました。当時の製品群を見た時に、切り捨てるべきものと、残して改善していくものとがある。後者の製品群は、創業者が言っていたように、必ず売れる。私もそう考えていました。この切り分けをはっきりして、会社を運営していけば大丈夫だ。こう考えたのです」。組合のリーダーというより、経営者の発想である。こうした信念があったからこそ、度重なる労働条件の引き下げにも対応できたのであろう。

就任一カ月後に最初の労働条件引き下げの要求が提案される。会社の要求は基本給八％一時カット、一時金年間三カ月、労働時間の延長（六日間に限り）であった。これに対し、組合は基本給六％カット、一時金年間三・五カ月、労働時間の延長四日間を回答し、結局、組合案どおりに妥結した。組合員へは、昼休みに職場集会を何回かに分けて開催し、会社の現状を説明することで理解をしてもらったそうである。「組合員もやむを得ないかと、納得してくれました」。

労働条件の引き下げ要求はこの年にとどまらなかった。翌年から三年間、基本給一時カット、一時金カット、稼働日の増加が提案されている。ある年には一二％の基本給カットが提案されている。組合は一〇％カット案を大会に提案したところ、否決された。組合員からのNOにどう対応したか。組合リーダーによると次のようである。「一〇％という数字を減らす方法を探すわけです。電力削減に協力すると、報奨金というか、電力会社からお金が出るんです。それで会社をあげて電力削減に取り組んだら、どのくらいの原資が出るかを経理部に計算してもらった。蛍光灯を半分にしたり、さしあたり使用しない機械を停止したり、昼休み時間をずらしたり、ピーク時の電力使用量を減らしたり。その結果、カット率を九％に落とすことができた。さらに、一時金に関しては本来三・五カ月欲しいのだが、今年に限って三カ月でいいと。〇・五カ月分は会社に貸しましたが、この〇・五カ月は再建後に返してもらいました」。新しい案は四分の三の賛成で可決される。

3　ベースダウンと物流部門改革

就任五年目に、前述したように、基本給のベースダウンが会社から提案される。一時カットではなく、基本給のベースそれ自体を下げるという提案である。会社提案は一〇％のベースダウン、一時金二・五カ月、稼働日五日増であった。組合案は八％のベースダウン、一時金二・八カ月、稼働日三日増である。ベースダウンそれ自体には反対したわけではない。ベースダウンを組合員に納得させるのがいかに大変だったかは容易に想像できる。しかも、以前に組合案が大会で一度、否決されている。組合リーダーによると「給料を下げていいという人はだれ一人もいない。組合が職場集会を開催し、会社の現状を詳しく説明しますが、昼休みの職場集会だと短い。何回もやりますけれど、時間は足りない。仕事が終わった後に職場集会を開き、そこに組合執行委員が行って説明することもしました。『委員長来い』という職場には私が行きました。給料明細を持ってきて、『どうやって生活すればいいんだ』『これ以上下げてどうするんだ』とさんざん言われました。そんな時は、もし奥さんが働いていないんだったら、実家に子どもを預けて三時間でも四時間でも働いてもらってくれと頼んだり。いや、もう本当、申し訳なくてあやまってばかりでした」。

このベースダウン提案を受入れる条件として組合が提案したのが、前述した物流部門の改革である。物流部門を縮小するか、撤退するか、売却するかのいずれかを今期中に決めることを強く求めたのである。ベースダウンはこの決定を条件に認めると主張した。

もちろん、提案の前には、物流部門で働く組合員にも説明しなければならない。彼らからは「組合が会社より先に組合員の首を切ることを宣言するのか」と猛烈な抗議が来る。リーダーは答える。「われわれはあなた方の首は切りません。雇用は守ります。配転とかいろいろあるかもしれないけど雇用は絶対守ります。雇用が守れないのであれば、こんな提案はしません」。物流部門の職場集会に説明に行く、地方の職場にも行く。

雇用保障をただお題目として唱えていたわけではない。委員長には次のような目算があった。「物流部門は赤字でしたけれど、うちの看板製品は、その赤字を補てんして余りあるくらいの利益を出していました。ただ、当時、景気が悪くなって、金利負担が大きくなって、それで全社的に赤字になっていたわけです。物流部門は一〇〇人くらいいましたが、その人たちをこちらの職場に配置転換すれば、二、三年は赤字になるかもしれないが、その先は黒字になるだろうと思っていました」。

労使協議の場で、会社側にそのことも伝える。社長は次のように答えたそうである。「組合がそんなことを言うのか」。組合リーダーによれば、「会社は物流部門の縮小、撤退はあまり考えていなかったと思います。縮小は考えていたかもしれませんが。けれども私はこの会社が生き残るためには物流部門の撤退が必要だと思っていました。競合他社は次々と新製品を開発しているのに、わが社は遅れている。もし、物流部門を復活させたいのであれば大規模な資本投入をするしかない。そうしなければ改革はできない。他の職場で働く従業員から、物流部門で働く組合員が赤字の原因であり、労働条件引き下げをもたらした張本人だと言われているんです。彼らは、経営者の無策の被害者だ」。

ベースダウンと物流部門改革の提案は過半数をぎりぎり越えた率で可決された。「過半数ぎりぎり」の意味を組合リーダーは次のように解説する。「これはバツです。みんな反対だと思います。給料下げていいなんて人はどこにもいない。でもベースダウンをのむ努力を我々がしなければ会社の将来はない。こう私が執行委員を説得し、執行委員が職場に行って説明する。執行部の会社再建に向けた思いが、どれだけ組合員に伝わるかが勝負の分かれ目だと思っていました。過半数ぎりぎりは組合執行部に対しては『こんなことを組合がやっていいのか』という批判であり、会社に対しては『ベースダウンは本当は嫌だけど、賛成して会社を助けるんだ、みんなで頑張るんだ』という決意表明だと思いました。そしてその旨、会社に伝えました」。

4　意識改革

上述したところからわかるように、新たに就任した専従委員長は会社に強く経営改革を迫っている。就任当初の労使懇談の場で、社長に「安易なリストラは認めない」と宣言したのは前述した。さらに次のように述べている。「私たちは社長、会社に対して耳障りのいいことばかり言うわけではありません。社長が気に入らないことも言います。けれど、私達の首は労働法で守られていません。私達は本気で会社のことを思って言います。ストレートに言います」。安易なリストラについては「わが社はこれまで何回かリストラを繰り返してきたが、経営体質、財務体質が何か変わりましたか？　経営状態が悪くなると、給料の高い従業員をリストラする。私にはそう見えてなりません。それで一時的に良くなる。一〇年か一五年たったら同じことを繰り返す。労使懇談の場で、四半期ごとの業績を経営側から報告してもらっているけれど、その結果をちゃんと検証して、どこを改善しようかと考えていますか」。会社側の意識改革はなかなか進まなかったが、投資ファンドによって、前述したように、一気に進んだ。

強く迫ったのは会社に対してだけではない。組合員に対しても意識改革を強く求めた。就任当初の全員集会での発言である。「これからは安易な人的リストラをさせないために、会社に果たしてもらう責任と、われわれが果たさなきゃいけない責任、これを明確にして、そして会社の立て直しを全社員でやろう」。真面目に、効率よく働こうとのメッセージである。たとえば、技術を学ぶ講習会にしろ、技能資格の取得にしろ、いい加減な気持ちで受けない。仕事は全力で行い、手を抜かない。当然、反発も起こる。「私より年配の班長たちが来て、労働強化を組合のトップが言うのかと抗議が来ました。彼らに対しては、『わかりました。意見はお聞きしました。私の方針が間違いなら次の役員選挙の時に、私に×をつけてください。×が過半数になったら私はすぐに辞めます』と答えました」。委員長の信任率は八五％前後で推移している。

投資ファンドの主導した生産工程改革は現場の従業員に抵抗なく受け入れられたのだが、それはこうした意識改革が実った証拠だと思われる。

5　投資ファンドと労働組合

前述したように、労働組合が物流部門改革を強く迫った数カ月後、投資ファンドがＴＯＢを仕掛けることを表明する。借入金が多く、金利負担が重かったことは既に触れた。そのために、メインバンクが投資ファンドを経営陣に紹介したのである。ＴＯＢ表明以前に、組合委員長と社長は投資ファンドに呼ばれている。組合リーダーによると投資ファンドと委員長の間で次のようなやりとりがあった。

「賃上げ交渉をするのが労働組合なのに、なぜベースダウンの説得を組合が矢面に立って行ったのか。労働組合がやることじゃないんじゃないですか」。

「いや、労働組合がやらなければならない状況だったので、私が止むを得ずにやりました。ただ、これ以上の労働条件の引き下げは認めるつもりはありません。雇用している従業員の雇用を守る。これが私の一番の使命だと思っています。もう一つ、先ほども申し上げた、これ以上の労働条件の低下は認めない。これらが守られるのであれば、私は反対行動は起こしません」。

投資ファンド。「ベースダウンを容認できる組織ならば、きっと立ち直れると私たちは思ってTOBを考えました」。

表明当日が来る。午後三時に発表されると、マスコミが会社に殺到した。従業員は買収されることをその時点で初めて知ることになった。社内は大騒ぎとなる。「会社が買収される、俺たちはどうなるんだ」。翌日、騒ぎがさらに大きくなることは容易に予想された。そこで、労使で対策を話し合う。次のような段取りが決められた。

翌朝八時に社員食堂棟で全員集会を開くことをアナウンスし、全員が集まったら社長がTO

Bを受け入れることを説明する。その後、役職者を会議室に集めて、今後の方針と行動について会社側が説明する。社員食堂棟に残った組合員に対しては、委員長が雇用は保障される、投資ファンドがリストラをすることはない、労働条件の更なる低下はないとの強いメッセージを発する。地方の営業所、工場にも同様のメッセージを送る。

その後、短期間で投資ファンドから派遣された役員が経営改革を進め、業績を短期間で好転させたことは前述した。懸案であった物流部門の改革については、投資ファンドとの話し合いの中で撤退が決まる。そんな時、物流部門のメンテナンス技術の良さに目を付けた同業他社が現れ、そこに物流部門は事業譲渡されることになる。問題は雇用保障と労働条件の維持である。一〇〇人ほどの従業員は八割が新しい会社へ転籍し、残り二割が他の職場に配置転換された。投資ファンドと経営陣の努力もあり、労働条件は維持された。組合リーダーによると、もちろん「これを機に独立した人もいれば、会社を変わった人もいますが、全体として雇用は守られ、労働条件は維持されました」。

6 TOBの成果

組合リーダーは述懐する。「投資ファンドがTOBして経営に関与するようになって、経営が大きく変わった。従業員の意識も大きく変わった。職場は大きな混乱もなく、また景気も良くなったこともあって、経営がＶ字回復した。一部でハゲタカ・ファンドだと言う人もいましたが、わが社にとっては経営改革のきっかけを与えてくれたファンドです」。

再上場する前に、従業員が自社株を購入する機会もあり、再上場した際に株価は大きく値上がりして、購入した従業員（正確には組合員）の中には五年間の賃金カット分とベースダウン分を補てんすることができた人もいた。もちろん、投資ファンドも再上場によって投資した資金をはるかに上回る収益を獲得している。

ＴＯＢをした投資ファンドに関して、この企業の組合が加盟する産業別組織から懸念する意見もあったという。同じ投資ファンドが案件によって違う行動に出るのはなぜだと思うかと組合リーダーにたずねてみた。

「それは投資ファンド側が決めることなので、私にはわかりませんが、投資ファンドが経営にどう関与してきたかを横から見てきた人間として判断するならば、買収した企業に少しテコ入れすれば、経営が上向くという見通しがあれば、あまりひどいことはやらないんじゃないかと。それがなければ、リストラして、資産を売却してということになるんじゃないでしょうか」。

投資ファンドの前向きな姿勢を引き出した要因の一つに、労働組合の存在があると私は思う。

五年間にも及ぶ労働条件の引き下げを受け入れながら、なんとか企業を再編し、雇用を守りたいとの方針、そのため経営陣、従業員の意識改革を強く訴え、不採算部門の改革を主張した組合があったからこそ、投資ファンドは安心してＴＯＢ、経営改革に乗り出せたのではないか。

D　対等合併と労働組合

1　経　緯

この章で取り上げるのは資本出資している会社（U）が出資先である同業種の会社（V）と「対等合併」し、それに合わせ同じ産業別組織に加盟する二つの労働組合も統合した事例である。その過程で雇用調整があったわけではなく、労働条件は親会社基準に統一されている。V社の組合員にとっては業界トップメーカーの従業員になり、賃金も上がった。特段、問題があったわけではない。

ただ、U社との「対等合併」に対する漠然とした不安、言いようのない不信感を持ち続けたV社の組合員に対し、親身になって寄り添う労働組合の必要性を改めて認識させてくれる。これが、この事例を取り上げる理由である。

統合の話が出る直前に、既に、U社とV社は、新機種の共同開発体制を構築している。それを示す文書によれば「マーケティング、企画、設計段階からの共同開発を広い領域で実施し、顧客に満足いただけるような製品・技術を提供する」ことが目的であった。また、「これまでの経営統合に向けた検討過程と、準備段階及び持株会社体制下でのグループ運営で培った土壌を活かし合併することが最善と判断。技術・サービスの提供、需要変動に影響されない経営基盤を目指し、企業価値の向上をはかっていきます」。

組合リーダーによると「たぶん、当時のU社の規模では、グローバル戦略で生き抜くには足りない。この会社のブランドをアピールしていけない。同じ業種のV社と合併していくことでグローバルに勝ち抜いていける。会社にはこういう考えがあったと思います」。

統合にあたって、組合が強く要求したのは、「基本的にはU社の労働協約をベースにする。労働条件が下がらないことでした」。労働協約、就業規則、労働条件に関する種々の規程全てが、U社労使、V社労使の四者によって見直された。見直しにあたっての基本方針として、V社労働組合に提示された文書には「従来の規程について不合理な点があれば改め、両社の規程内容に相違があればいずれを採用するか（または別案）を検討し、両社の内容がほぼ同じであり今後も継続すべき場合には、基本的にU社の労働協約の基準を採用する」と書かれている。もちろん、労働組合としても「条件としてはいい方に合わせよう」という合意が事前になされていた。

V社の組合員にとって大きく増える手当として、販売員手当、家族手当などが挙げられている。これら以上に変化が大きかったのが基本給であった。基本給は年齢給と職能給（範囲給）に変更され、年齢給部分で「大きく上がったV社の従業員が多かったと思います。V社は中途採用が多かったので、年齢給が導入されて結果として上がった。中には、非組合員ですが、一〇万円くらい上がる人もいました」とV社出身の組合リーダーは振り返る。

V社の制度が適用された、あるいは維持されたものもある。前者は両組合が加盟する産業別組織が提供する共済制度で、保障内容をV社組合ベースに引き上げた。後者は退職金制度で、V社の水準が若干上回っており、V社の従業員にはそのまま引き継がれた（それまでに退職準備金として積み立てていた原資があったため）。

以上のように、「対等合併」「労働条件の全般的なアップ」「リストラなし」など、V社の組合員にとっては、特段、問題のない経営統合のように見える。だが、V社出身の組合リーダーは次のような漠然とした不安を抱いていた。

「委員長を一年務めて、そこに突然、経営統合の話が出てきました。前任者から何の話も聞いていないし、噂話もなければ風の頼りもない。もともと楽天的な性格なのですが、この時は一週間くらいほとんど眠れませんでした。私の会社の方が規模は小さいし、労働条件も低い。

対等合併と言われましたが、正直、吸収じゃないのか、どう対等なんだという気持ちもありました」。

「春闘での比較対象先はU社でした。わが社の賃金水準は常に下にある。利益を十分上げたときも、ボーナスはU社を上回ることができない。組合員からはもっと頑張れと言われるのですが、なかなか突破できない。また、高校生が就職しようとしたときに、U社ではだめだった若者がうちに来るという話も聞いていました。当時、U社は中途採用なしに対し、うちは中途採用が多い。その相手と対等合併すると聞いて、『えっ』という気持ちになりました。中には労働条件が良くなるからいいという組合員もいましたが、多くは、どうなるんだろうと不安と不信を抱いていたと思います」。

V社組合員の多くが持った、こうした漠然とした不安、言いようのない不信感に労働組合はどう対応していったのか。これを以下では見ていこう。まずは組合合併から。

2　組合合併

二つの労働組合は、上述したように、同じ産業別組織に加盟し、組合活動も連携をとって行っていた。経営統合に伴い、労働組合組織をどうするかが二つの労働組合に投げかけられた最初の課題であった。V社の組合員の中には並存を主張する人もいたそうである。だが、組合の三役同士で話し合い、「二つのままであったら、まとまるものもまとまらない。会社も一つになるのだから、組合も一緒になった方がよい。半ば強引であっても、合併した方がよいという意見になっていきました。当面は二つのままでという考えもありましたが、それだと一緒になるのに時間がかかる」。

組合規約もU社組合の規約をもとに、一部、変更した。変更当時の規約には、役員について副委員長は二名とし内一名はV社のあった組合から一名、執行委員については同じく二名選出すると書かれている。合併当初の副委員長にはV社組合の委員長、二名の執行委員にはV社組合の副委員長、書記長が就任している。この三名が新たに執行部に加わり、また当時の副委員長一名は専従となった（合併以前は非専従）。組合役員の任期について「一期二年」は同じだが「再選を妨げない」の条件が加わった。この専従副委員長は結局、旧体制を含め二一年間、労組三役であり続けた。この意図については最後に述べる。

V社組合員の組合費は、U社労組の組合費算出基準に合わせたため、基本給の一％から一・五％に引き上げられた。専従者を一名増やし、書記を含む専従四名体制を敷いたためである。もっとも、賃金が上がったため、大きな不満は生じなかったという。

個人闘争資金についての規定もU社組合の規約に合わせて上限が明記された。変更前の「個人闘争資金は毎月個人一〇〇〇円とし、管理運用については、別に定める個人闘争資金積立規定による」に「その積立上限を二四万円とし、上限額に到達以降はその積立を停止する」が加わった。なお、個人闘争資金は組合員の個人口座に積み立てられ、非組合員になった時、あるいは退職する時には、個々人に返金される。

個人闘争資金とは別に、V社組合には組合として約一億円の資金が積み立てられていた。この一億円をどうするかが合併に際しての大きな問題となった。組合員の圧倒的な声は「合併前に自分たちの間で分配する」であった。分配しないまでも、自分たちのために使うべきだ、使わなければ損だという意見が多かったという。V社出身の組合リーダーは悩む。「既に退職した元組合員、非組合員になった管理職が組合員時に支払った組合費のお金もここには入っている。どういう基準で分配していくのかの解答が出てこない。勤続年数別に分配金を決めるのか、既に亡くなった元組合員、元気で活躍しているOBの元組合員にはいくら払えばよいのか。これを議論していくと、感情論も入って収拾がつかなくなる」。

最終的には次のように処理した。対象を現役の組合員と非組合員に限り、前者には一万円の、後者には五〇〇〇円のカタログギフトを渡して、商品を選んでもらう。それでも九〇〇〇万円近くが残るが、これは合併後の新しい労働組合の資産に繰り入れる（U社の労働組合も二〇〇〇万円弱の資産を保有していた）。組合リーダーは述懐する。「いろいろ議論はありましたけれど、最終的には定期大会で承認してもらいました。納得したのは、組合財産でいろいろもめるより、経営統合を前向きにとらえていこうという思いが強かったからです。経営統合しなければ、一〇年後、二〇年後、この会社はどうなるかわからない。自分たちがうらやましく思っていた企業と一緒になる、労働条件も上がる。このことをみんなが積極的に受け止めたからだと思います」。

この約一億円は現在でも組合財産として保有している。ただ使用目的は未だ定まっていない。現在の組合リーダーによると「組合として財政が厳しくなったときや、賃金カットされたときに、そこから借りようかとか考えますけれど、なにかはっきりとした目的のために貯めたものではない。今後、同様なことがあることを考えれば必要な時に有効に使えればと思っている。」

3 職場の人間関係

経営統合から二年間は勤務場所に変化はなかった。V社の従業員は以前と同じ工場で働き、U社の従業員も同様であった。今までと同じ環境、同じ同僚で同じ仕事をしていた。だが、上司が変わった職場（V社）も多かった。V社出身の組合リーダーによると「合併して、U社の工場から課長、係長が来る。これまで話をしたこともない人から指示命令が出される。同じ製品を製造しているのだけれど、仕事の計画、指示の仕方も、仕事のやり方も違う。対等合併とは言いながら、U社の社風を持ち込んでくる。V社の工場の方が、物損事故とか、怪我だとか、結構多かった。そうすると、そこの管理監督者は誰だとか、まだV社のやり方でやっているからじゃないかとか。まだ名目上なだけで一体感や一緒になれていない状態が続いていました」。

慣れない環境の下で働くV社の組合員は不満、苦情を募らせる。それらを打ち明けられる先はV社出身の組合リーダーしかない。「当時は、電話が頻繁にかかってきました。長電話になることも多かった。悩み事の相談です。知らない人が自分の上司になっていろいろ言われる。知らない人に叱られる。今までとは違うようなやりかたで仕事をしろとか。特に現場の人は内面的に弱ってしまった人もいました。そこまで言わなくても、俺たちはこれでやってきた、飯を食ってきた。若い人よりも一〇年、一五年勤めている人からの愚痴が激しかった。好きで一緒になったわけではないのに、どうしてそんな目にあうのか。当時の私としては励ますしかなかった。私が新しい上司を叱るわけにいかないですから」。

悩み事だけではない。些細なことまで、相談に乗った。「たわいもないことまで電話で聞かれました。たとえば健康診断の何を受ければいいのかとか、人事部の場所がわからない。出張に行ったときのガソリン代の請求の仕方とか。手続きが二社で微妙に違っているところも多かったので、いちいち私に電話で問い合わせをしてきました。まあ、合併以前にも、小さな会社でしたので、共済や労働金庫の対応なども、組合員の代わりにやってあげていたので、その延長ということもあったかもしれません」。

4 景気悪化と疑心暗鬼

U社出身の当時の委員長は「寄せ集めの状態」をいかに早く解消するかを強く主張していたと言う。V社出身の組合リーダーは次のように当時を振り返る。「委員長は組合の中でも経営の中でも、旧V社の人たちと言うのを止めよう、俺らは兄弟になったんだ、旧を使うなとことごとく言っていました。従業員をシャッフルして、入り混じって仕事をすべきだとずっと言っていました。同じ製品を作っているのだから、どこでも作業ができるはずだ。早く一緒の色にしなければならない」。

シャッフルは突然やってくる。景気の急激な悪化で、V社の工場は閉鎖を余儀なくされ、そこで働いていた従業員がU社の工場に配置転換されたからである。

V社の従業員がU社の工場に配置転換される。景気の悪化で生産量は減る。厳しい状況の中で、賃金カット（後述）にも耐えながらなんとか凌いでいかなくてはならない。「配置転換で班長から作業員になった従業員もいました。不満はあったと思います。仕事のやり方も違うし、知らない人から指示、命令を出されるようになるし。けれども厳しいのはU社の従業員も同じ。誰もが我慢している時期だったので、私たちも耐えられた」とV社出身の組合リーダーは述べる。

ただ、全く問題がなかったわけではない。たとえば「働く場所が変わったので、文句を言う人もいました。通勤距離が遠くなったとか。ただ、それは会社のせいではなくて、景気のせいだからしょうがないよねと説得。中には、自動車通勤ではなくて、公共交通の通勤で、始発のバスにのっても間に合わないという人も出ました。これは人事にお願いして、個別対応してもらいました」。とはいえ、シャッフルされた後は、V社出身、U社出身という区別はあまり気にされなくなったようで、前述したような悩みがV社出身の組合リーダーに持ち込まれることは大幅に減った。もちろん、誰もが我慢しなければという雰囲気が、日ごろの悩みを抑え込んだからでもあろう。

この過程でいわゆる正規従業員の雇用が脅かされることはなかった。労働組合も雇用保障を強く求めたし、会社としても「賃金カットしてでも雇用は守る」という経営方針があった。ちなみに賃金カットは二年間で九%だったそうである。結果として雇用は守られたとはいえ、組合員、とりわけV社の組合員が全く不安を抱かなかったというわけではない。V社出身の組合リーダーによると「仕事量が大きく減って、請負とかパートの従業員に辞めてもらったりしました。そのため、われわれ組合員に対しても人員整理の話が出て来るんじゃないかという噂が飛び交いました。その時、誰がターゲットになるかといえば、V社の組合員からではないかという疑心暗鬼が生まれました」。V社出身の組合員の中には「もし、V社出身の組合役員がいなければ、会社側との交渉で、自分たちが割を食うのではないか」と心配する人もいたそうである。「私は、そんなことがあってはならないと執行部の中でも話をしていましたが、そんな噂が立ったのも事実です」。

5　寄り添うリーダー

景気の急激な悪化によって、従業員がシャッフルされ、雇用はなんとか守った。V社出身の組合リーダーに持ち込まれる悩み、苦情、不安も大幅に減った。だが、この事例の業界は需要変動の波が他業界より大きく、そこで経験したような急激な景気悪化が繰り返されないとは限らない。V社の組合員は、そのことを思うと不安にさいなまれる。

V社出身の組合リーダーは率直に語る。少し長いがそのまま紹介しよう。「V社の従業員は中途採用も結構いますし、能力的に低い人もいるかもしれない。U社の従業員と一緒に働いていても、やっぱり駄目なんだとか。環境も仕事の進め方、人間関係もいろいろあって、心配も不安もあったと思います。以前の景気悪化では自分たちの職場がなくなり、みんなバラバラになった。雇用はなんとしても守ると会社は約束してくれるけど、いよいよそうも言っていられない時が来るかもしれない。経営難になって、人手が余ってくる。もし白羽の矢が立ったときに、どっちを選ぶとなったときに、俺たちがターゲットになるのではないか。みなさん、そう考えてしまう。そういう人にとっては、俺たちの代表が組合の執行部に入っていれば、自分たちを守ってくれるのではないか」。「経営陣の中にV社出身の人がいるとまた少し違うかもしれないけれど、当時はいない」。「だから、組合員からすれば、V社出身の私が労働組合の三役にいることで安心できる。懇親会の席などで、『おまえやっぱりおってもらわないかん』というような話をよく聞きました。私は、別に何かその人たちに向けてやったという感覚は持っていません。愛想よく、『元気か』とか話しかけるようなことはしていましたが」。

このリーダーは旧体制を含め労組三役を二一年間勤めて、会社に復帰した。現在の組合リーダー（U社出身）は次のように語る。「私たちは、三役に留まるべきだと説得して、ずっと引っ張ってきた。やはり、組合員の声を拾う役目をする人が必要だ。自分たちの側にいて、安心して愚痴や悩みが言える人。声に出して言うだけで安心することが多々あるじゃないですか」。

この事例は最初に述べたように、対等合併の対象となったV社の組合員にとって、大きな問題が発生したわけではない。雇用調整もなく、業界トップメーカーの従業員になり、賃金も上がった。ただ、彼らは、U社との対等合併に対し、漠然とした不安、言いようのない不信感を持ち続けていた。彼らを支えたのはV社出身の三名の執行委員、とりわけ二一年間務め続けたV社出身の組合リーダーであった。「やはり、彼らを組合執行部に入れておいたことが良かったと思う。執行部の三名という数字は、今は無くしましたが当時を振り返れば、V社の組合員の声をすくい上げるという労働組合の役割は重要だったと思います。四名専従体制になって当時の財政は苦しかったけれど、今ではなんとか一緒になれたかと」。そう組合リーダーは締めくくった。

E

ハゲタカ・ファンドによる略奪

1　二つのハゲタカ・ファンド

この事例の労働組合は二度にわたりハゲタカ・ファンドに翻弄された。「ハゲタカ」という形容詞を加えたのは次の理由による。第一に、いずれも短期間で株式を売却し、支配していた期間の経常利益は総額でそれぞれ三〇億円、四〇億円にも及ぶ。第二に、この利益は事業を順調に成長させた成果ではなく、営業費削減（第一のファンド）、人件費削減（第二のファンド）の結果である。売上高は総じて停滞か低迷していた。図1がそれを示す。

第一期はファンドに売却される前を示し、第二期は第一のハゲタカ・ファンド、第三期は第二のハゲタカ・ファンドが支配していた時期を示す。

第三に、二つのファンドとも労働組合を嫌った。第一のファンドは、買収以前の労使間合意

図1　売上高と経常利益の推移

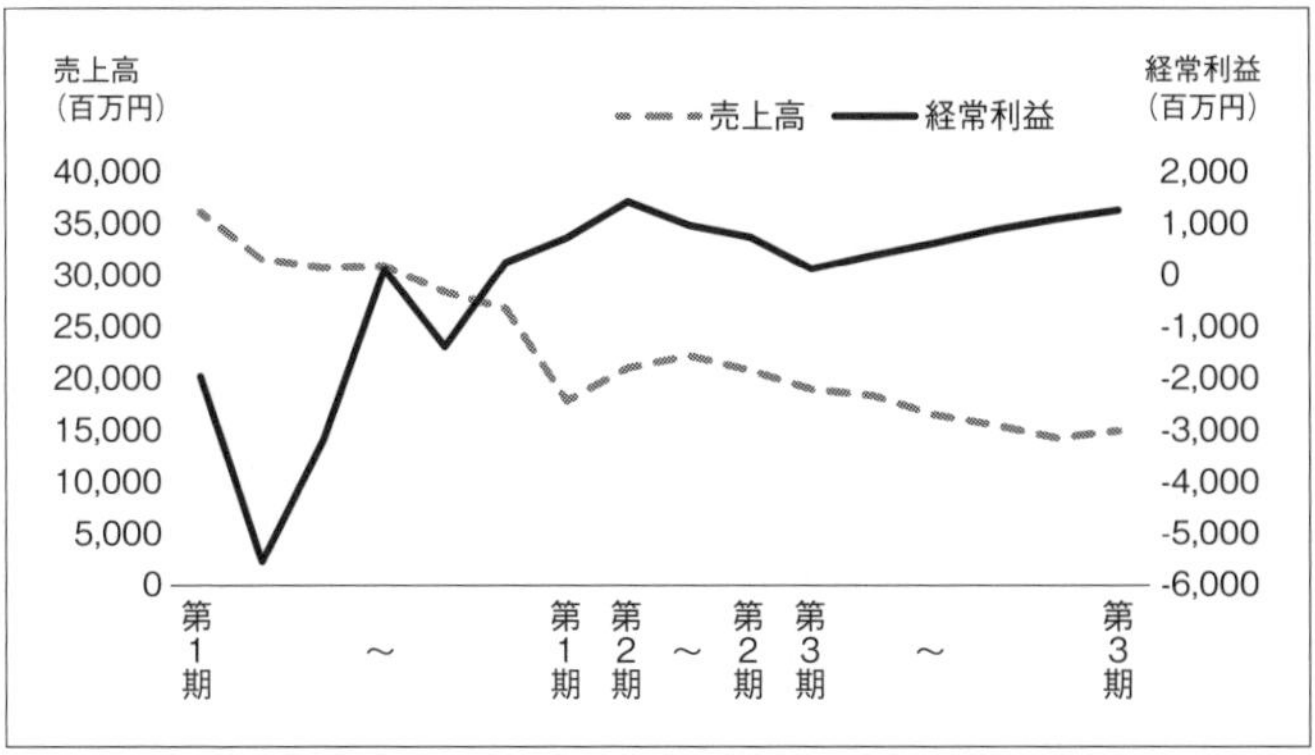

（一時金）の一方的破棄に始まり、組合分裂を背後で操り、組合加入・組合活動を理由とする不利益取り扱い、正当な理由なしの団体交渉拒否、組合活動への支配介入という三類型すべての不当労働行為を行った。ファンド買収後、社員会という第二組合が発足したが、その背後に、ファンドがいたことはまず間違いない。地方労働委員会のあっせん、和解案などにも一切応じなかった(1)。

第二のファンドは、人事制度や賃金制度の改定にあたって、労働組合と団体交渉を複数回、行ってはいる。だが、それは形式にとどまり、実質的に誠実な交渉、協議を行ったわけではなかった。最終的には、会社側の考えを一方的に押し通すことを目指し、実際にもそうなった。

ここでは、第二のハゲタカ・ファンドが何を行ったのか、それに労働組合はどう対応しようとしたのかを明らかにする。

2　人事改革

表1は、第二のファンドが四年間で行った人事制度の改革、労働条件の変更、希望退職の募集の状況を示したものである。

こうした人事制度の改革、労働条件の変更、希望退職の募集は、労働組合との十分なる交渉、協議を経て行われたものではない。労働組合としても、第一のファンド時代の長期間にわたる紛争の経験から、投資ファンドや経営側との揉め事を避けたいという意識が組合員に広がっており、対抗することも難しかった。

以下では、この時期に行われた様々な人事改革と労使協議の内容を具体的に明らかにしていこう。まずは考課制度と賃金制度の改定から見よう。

買収直後に、会社側は人事考課制度改定に着手し、その内容について労働組合と協議する場を設けた。しかしながら、会社側は「人事考課制度は会社が行うものであり、義務的団交事項ではない(2)」とし、労使合意がないまま目標設定面談が行われた。人事考課制度については、その後数次にわたり改定されるが、「労働組合と協議は行うが、合意する必要性がないとの姿勢を貫い」[3]た。

次に賃金制度改定を提案してくる。労働組合としては成果主義的な要素が強く、「生活という概念を排除し」[4]たものだとし、受け入れを拒否した。会社側はその後、再提案をしてきたが、成果主義的な要素がさらに強くなっており、組合側は再度拒否をした。三度目に提案された内容では、さらに、成果主義的要素が強められていた[5]。労働組合はその後も会社案に反対を続けるが、会社側は次年度の新賃金制度導入は絶対であるとし、「今まで何回も労使交渉を重ねたはずであり、いまさら言われても困る」[6]という言い方で強硬に案を押し通そうとしてきた。新制度導入予定直前には、労使合意に至らなければ賃金に関するこれまでの労使協定を破棄し、就業規則で新賃金制度を実施すると発言している[7]。

以上の経過から見る限り、会社側が誠実な団体交渉をしたとは言えない。団体交渉を複数回行ったという実績づくりのためだけに、いわば「誠実さ」を形式的に満たすためだけに交渉を重ねたと言ってもよい。

最終的には、微修正はあったものの、役割と成果に基づく、降格もある新賃金制度が導入され、従業員の賃金は低

表1　人事制度改革

人事考課制度改定
夏期一時金支払い停止
特別早期希望退職優遇制度①
人事賃金制度改定
特別早期希望退職優遇制度②
賃金カット（総計54%）
特別早期希望退職優遇制度③
特別早期希望退職優遇制度④
雇用調整助成金申請による休業
賃金カット（総計51%）

図2　男性の年齢別賃金カーブの推移

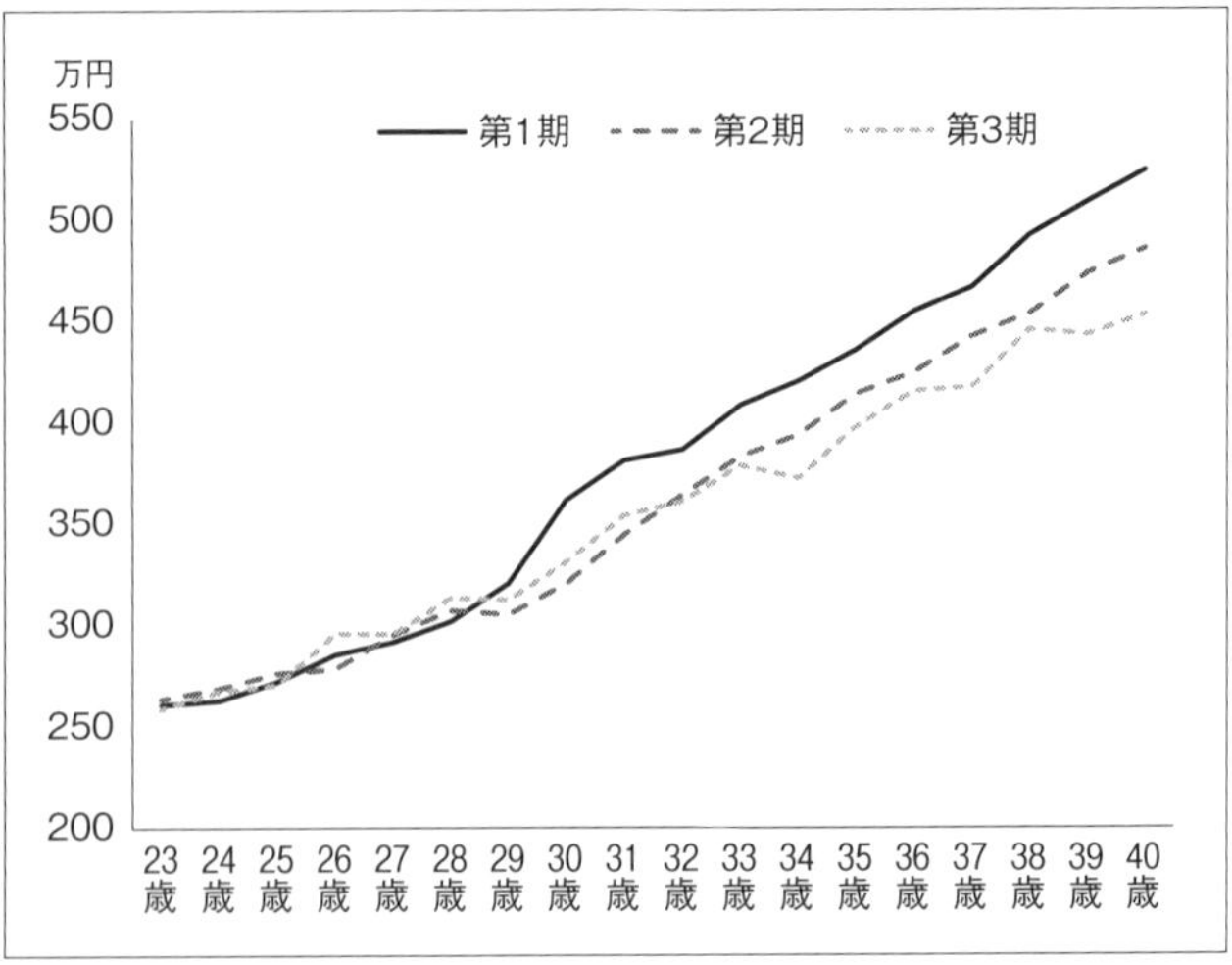

下した。

図2は、上出の第一期、第二期、第三期における男性の年齢別平均基準内賃金（時間外手当、通勤手当等を除く、決まって支払われる給与）を示したものである。これによると、後の時期になるにしたがって、とくに三〇歳以上で基準内賃金が落ち込んでいることがわかる。

第二のファンド時代は、業界全体が低迷していた。賃金水準の低下は、この事例固有のものではないのかもしれない。これを確かめるために、この労働組合が所属する産業別組織業種別部会の男性年齢別平均基準内賃金を一〇〇として、比較してみた。図3がその結果である。

業種別部会の平均と比較しても、第二期、

図３　男性年齢別賃金水準（業種別部会 =100）の推移

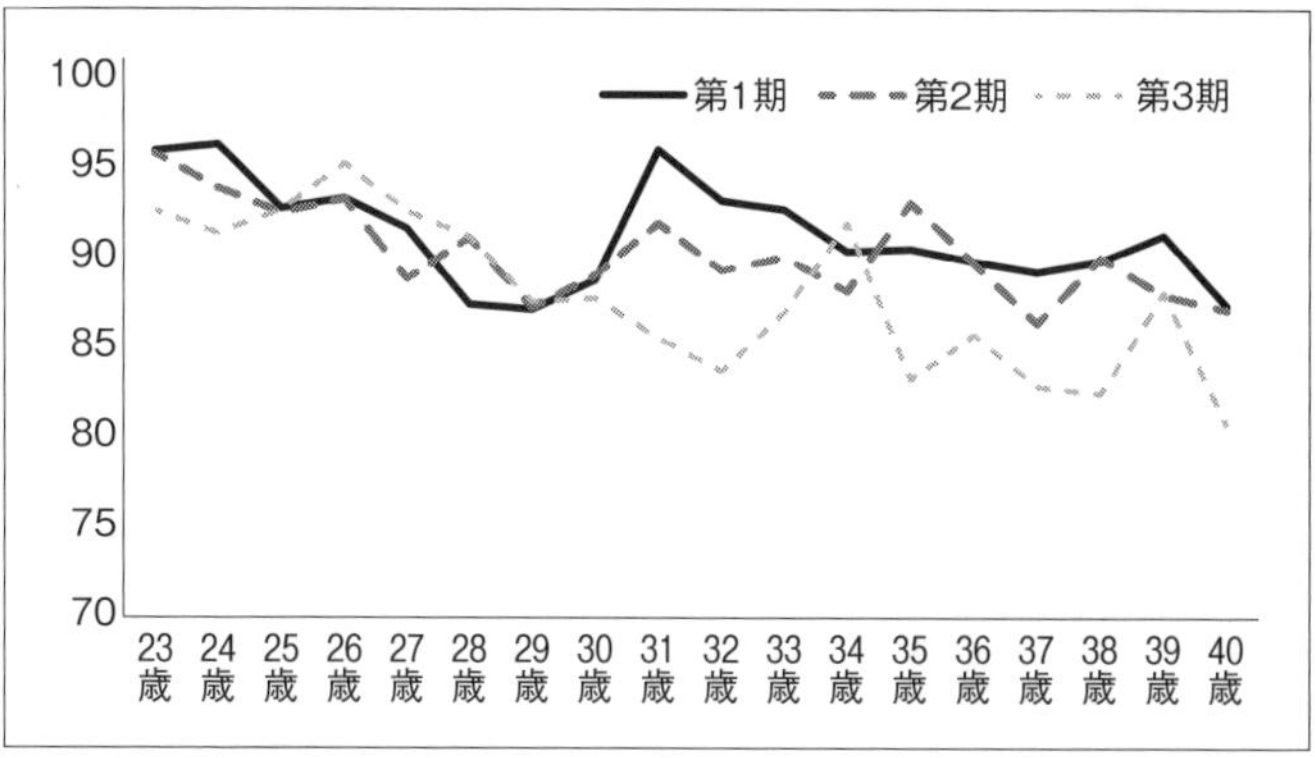

第三期にはこの事例の男性基準内賃金は、とりわけ三〇歳以上でより低くなっていることは明確である。

3　賃金カットと一時金削減

表1にあるように賃金カットが二回行われた。最初の賃金カットは、営業利益の赤字を回避する目的で、申し入れがなされた。労働組合は団体交渉で賃金カットを拒否したが、「(当社が) 売却された際に発生したのれん代償却の関係もあり、営業赤字が企業存続に大きく影響する」(8) ため改めて賃金カットを実施したいとの申し入れが労働組合に対してなされた。これに対し、労働組合は次年度以降は繰り返さないことなどを条件に二カ月間の賃金カット (総額で一カ月分賃金の五四%をカット) を了承した。

しかし、経済環境の悪化もあって、その二年後にも、会社側は労働組合との約束を反故にして再び賃金カットを組合に申し入れてきた。このときも会社側は「『のれん代償却』などを理由に単年度の利益確保を求め[9]」てきた。すでに第二組合メンバーと管理職に対して賃金カットが実施されていたこともあり、最終的には拒否できないと判断し、二回目の賃金カットを承諾した。四カ月間（総額で一カ月分賃金の五一％）の賃金カットが実行に移された。

経営危機に陥って、会社存続のために、賃金カットを申し入れるのではなく、「のれん代償却」のための営業利益を確保するための申し入れである。労働組合はこれに対抗することはできなかった。

次に一時金の支給状況を検討しよう。表1にあるように、第二のファンドに買収された時点で、夏期一時金は支給されなくなった。ファンドは、当時の夏期一時金交渉時に「『賞与は年間業績に対する報酬』であるとし、営業収支状況の説明すら行わず、夏期の支給は行わないとの回答[10]」を提示し、一方的に支給を停止した。これ以降、夏期一時金は支払われなくなった。冬期一時金に関しても人事考課で一定以上の評価をされた者のみに支払いが限定されていたり、不支給の年度もあった。その結果、一時金水準も引き下げられた。

4　退職者の増加

前出表1で示したように第二のファンド時代には特別早期希望退職優遇制度が四回にわたり実施されている。この制度は希望退職を募るが、たとえ従業員が退職を希望したとしても、会社が申し出を認めた者のみに割増退職金が支給されるという制度である。言い換えれば、人件費を削減したいが、会社が勤め続けることを望む従業員は辞めさせないということである。そのため、実際には募集人数よりも制度利用者は少なかった。

だが、これまで見たような労働条件の引き下げゆえに、退職者数は増えた。年間の退職率は一〇%を超えている。また、退職者数を大きく下回る人数しか採用しておらず、この会社の従業員規模は年々縮小していった。

このほかにも時間外労働の削減、教育訓練の縮小、派遣労働者の契約更新停止、出張抑制なども行われ、様々な形で人件費の削減が追求された。

5　組合活動への介入

第一のファンド時代とは異なり、あからさまな不当労働行為は影をひそめた。だが、組合活動への介入がまったくなかったわけではない。たとえば管理職が、有期雇用の社員に対して、第二組合への加入を呼びかけたこともある。[11]また会社側は従業員数の減少を理由に、労働組合活動に関する労使協定の変更を組合に申し入れてきた。内容は、就業時間中に有給で認められていた労働組合活動のための時間の半減、組合役員に対する人事異動制限の範囲縮小、組合専従役員数の削減であった。労働組合はこの申し入れを拒否したが、会社側は拒否するのであれば労使協定自体を破棄するとして、強硬な姿勢を見せ、結局一部修正はされたものの概ね会社提案どおりに協定が改定されることになった。

6　過酷な運命

第二のファンド時代は、業界全体が停滞しているにもかかわらず、毎年、多額の経常利益を出した。業績が良かったわけではない。売上高が低迷するなか、人件費を削減することによって経常利益を積み上げた。

労働組合は嫌われた。人事制度や賃金制度の改定にあたって、労働組合と団体交渉を複数回、行ってはいる。だが、それは形式にとどまり、実質的に誠実な交渉、協議を行ったわけではなかった。最終的には、会社側の考えを一方的に押し通すことを目指し、実際にも、そうなった。賃金カットも、夏期一時金の不支給も、労働組合活動に関する労使協定もそうだった。その結果、賃金水準は大きく引き下げられた。一時金も同様に引き下げられた。それだけではない。選択的希望退職の募集が四回にわたって行われ、人件費の削減が目指された。

この事例をみる限り、「ハゲタカ・ファンド」に乗っ取られた企業の労働組合、労働者に待っているのは過酷な運命しかない。第二のファンド時代には、労働組合は会社側の強硬な姿勢に対し、ほとんど有効な対抗策を打ち出せていない。それでは労働組合にはどんな選択肢が用意されているのか。協調的労使関係を目指しても無駄である。ファンドは短期的視野で株主価値最大化を求めてくるのに対し、労働組合だけが協調的労使関係を求めても空回りするだけである。これに対抗するためには、「古典的」な敵対的労使関係を構築する以外にはないのではないか。ファンド側も、収益どころか、投資資金の回収が危ぶまれる状況を恐れるので、困難を打開する途が開かれるかもしれない。

なお、この事例の企業は、その後、同じ業界の企業に買収されている。事業の順調な拡大を目指す路線に、ようやく戻った。

（1）労働組合は裁判闘争も行っている。紛争解決に連合も乗り出し、急転直下、和解に向かうことになった。
（2）労働組合「第三八回定期全国大会議案書」一〇頁。
（3）労働組合「第三九回定期全国大会議案書」八頁。
（4）労働組合「第三八回定期全国大会議案書」七頁。
（5）組合書記長に対するインタビュー記録による。
（6）同上。
（7）同上。
（8）労働組合「第三九回定期全国大会議案書」七頁。
（9）労働組合「第四一回定期全国大会議案書」八頁。
（10）労働組合「第三七回定期全国大会議案書」八頁。
（11）組合書記長に対するインタビュー記録による。

F　外資による買収、日本人による経営

1　悪いシナリオ

外資による買収には良いシナリオと悪いシナリオの二つがある。ここで取り上げるケースは二つを見ることができる珍しい事例である。

同業種の外資企業が一九七〇年代に資本参加し、日本企業W社は国内市場を対象に順調に発展していた。二〇〇〇年頃になるとW社の経営が悪化する。二〇〇〇年代半ばに、社外から日本人を呼び寄せて社長に据える。新社長は役員人事、人事異動、組織改正などの改革を矢継ぎ早に行うが、業績は上がらず、さらに悪化することも懸念されたため、大規模なリストラに踏み切った。事業所を売却し、従業員を半分以下にしたのである。

その間に、W社は全株式を資本参加していた外資企業グループに売却する。このW社の親会

社の業績が急激に悪化し、株式売却資金を親会社の再建にあてるためであった。この時点でW社は一〇〇%外資の企業になる。その直後に、外資の投資ファンドがLeveraged Buy Out（LBO、金融機関から資金を借り入れ、資金量を増やして企業を買収する方法）でW社を買収し、W社は今度は投資ファンド傘下の会社となる。その直後に、東京の中心地にあった本社社屋が売却された。三年半におよぶ一連のリストラを遂行した社長（上述の二〇〇〇年代半ばに社外から呼ばれた日本人社長）によれば、こうして得た資金は投資にあてる計画であった。だが、本社社屋売却後に、この人物は社長の座を降りている。

投資ファンドの下にはいると、リストラはさらに進み、だが、業績は悪化し続けた。この会社の提供するサービスを愛用していた国内の顧客が、サービスの品質劣化に抗議して、次々と離れていったからである。組合リーダーによれば「ファンドは人の首を切って、少しでも利益を上げようとしたので、上質のお客さんが去っていったわけです」。経営再建が計画どおりに進まず、LBOの負債が重くのしかかった。結局、買収の四年後に、株式は資金借入先の金融機関にすべて売却された。

二〇一〇年代の早い時期に、同業種のX社がこの金融機関からW社の全株式を購入した。X社もまた外資系企業の日本支社である。X社もW社と同様に、国内市場向けに、サービスを提供していた。経営統合はしたものの、統合翌年度の年間売上高は目標の三〇%程度にしか届かず、業績は急激に悪化した。そのため、一割強の従業員をリストラすることとなった。当時、従業員はほとんどが契約社員であり、契約終了ということで多くの従業員が辞めていった。W社か、X社かという出身企業を問わずに、三五歳以上の従業員を対象に希望退職を募ったのである。

2　良いシナリオへ

経営統合を主導した社長はリストラ後に辞任し、外資系企業にもかかわらず、旧W社生え抜きの中堅幹部が社長に内部昇進した。彼が統合した企業に新しい風を送り込む。組織改編、若手のリーダー登用など、抜本的な改革を行ったのである。若き社長のもと、業績も徐々に回復し、二〇一九年度まで連続で売り上げ目標を達成するまでになった。

経営統合を進めた企業X社は二〇〇〇年代半ば以降、新入社員を正社員として採用することなく、全員、有期雇用の契約社員として採用していた。買収されたW社の社員も契約社員であった。二〇一三年に施行された改正労働契約法一八条により、二〇一八年四月には有期雇用の契約社員の無期転換申込権が発生することになった。労働者側に転換するかどうかの選択権がある以上、全員が無期転換を望むかどうかはわからない。だが、無期転換を申し込んだ場合は、全員を正社員にし、組合員にすることを労働組合は労働契約法の改正後から会社側に要求していた。

二〇一七年末に会社側からの回答があり、全員を正社員にし、一般社員は組合員とするというものであった。契約社員の気持ちを組合リーダーに代弁してもらおう。

「私はぎりぎり正社員で採用されたんです。でもその後は、みんな契約社員。中途採用も新卒も。年度末になると、契約更新されるかなとかで怖かったそうです。でも会社の上層部はそうした意識はあまりなく、しょせん、契約されるんだから同じでしょうという意識だったようです。契約社員はみんな、家庭があったり、ローンのことであったりで、問題を抱えていました。だから、正社員になって、家族から褒められたという人が多かったというのは、組合としてもうれしかったです」。

当時の社員は五五〇名（うち管理職は二五〇名と多い）で、組合員は一〇〇名だったが、この大改革により組合員は三〇〇名へと大幅に増えた。

人事管理制度改革も同時並行して進められた。契約社員はそれまで年俸制が適用されていた。制度的な基礎がなかったようで、組合リーダーによれば「入社した時期とか、採用担当者によって年俸額に大きな開きがあった」。新たに八段階からなる資格制度が導入された。組合員はグレード一から四まで、管理職はグレード五から八までに格付けされ、グレードに応じて賃金水準（レンジレート）が定められた。グレードの上昇、すなわち昇格基準も明確化され、グレード四以上への昇格については昇格試験（上長の推薦と面接）が課せられることになった。それまでは「ちょっとパフォーマンスが良いとか、売り込みがうまい人が出世することも見受けられたのですが、昇進の基準が明確になった」。

資格制度と賃金制度を結び付けることによって、それまでの「安易な成果主義から脱出することができた」。安易な成果主義とは、社員一人一人の努力、能力とは無関係にパフォーマンスが決まってくるのにもかかわらず、パフォーマンスに応じた年俸の改定を行っていたという意味である。

抜本的な人事改革の背後で行われていたであろう、海外本社との交渉について組合リーダーは次のように語る。「経営統合して二年後くらいから経営が安定し、業績が上向いてきたころから、新しい社長は海外本社との交渉を開始した模様です。契約社員を無期にして正社員にしなければならないとか、資格制度、賃金制度をしっかりとつくり、人材を育て、確保していかなければならないと。安易な成果主義はだめだと。決して年功序列ではないし、メリハリをきかせた人事を行い、教育にも力を注ぐなどと説得したのでしょう。業績も回復してきたということもあって、海外本社も社長の方針を認めたのだと思います」。

G　組合合併——親会社による吸収

1　経営統合

同一製品（種類は異なる）を生産している子会社を吸収することで、投資計画、事業計画の迅速な決定と実行を目指した企業再編の事例である。親会社—子会社間の連携、協力は以前より緊密に行われていたが、経営統合することによって、会社間の交渉を部門間のやり取りに変えることでスピーディな経営を目指したわけである。

子会社の労働組合は経営統合を積極的に支持した。競合相手に敵対的買収をかけられたわけではなく、親会社と事業統合するということで自然に受け止められるものであった。この事例は経営統合によって何か問題が生じたというようなケースではない。だが、労働組合の合併を迫られた場合に、どのような手続きを踏み、何に留意すべきかを学ぶことのできるケースである。

2　労働組合の対応

経営統合のプレスリリース一週間前に、両組合のリーダーにはその話は伝えられたが、秘密厳守の誓約書への署名を要請された。プレスリリースと同時刻に、執行部を集めて経営統合の話を伝えた。その日のうちに、経営統合に対する労働組合の考えを書面にまとめ、組合員に配布した。書面には次のような趣旨のことが書かれている。

「経営統合の目的は、社長メッセージにあるように『親会社とわが社で共同して先進的・独創的な製品を創造し、この分野における覇者を目指すため』です。労働組合は今回の会社の決断が『わが社の強みをさらに高めることができる機会』であり、そして事業のさらなる成長がひいては『組合員とその家族の幸せに繋がる』との思いから、会社と一緒に新たな一歩を踏み出していこうと考えています。しかし、今回の会社の決断は、組合員のみなさんにとっては突然のことで、詳細については未確定な部分も多く、困惑している方や不安を抱えている方もいると思います。今後は、会社と同時に組合にも問い合わせの窓口を設置するとともに、労使協議の場を設け、みなさんの不安と質問に丁寧に応えていきたいと考えています。労働組合のあり方についても、親会社の労働組合と協議を行い、方向性を決めていきます。協議の状況については、その都度、みなさまにお伝えしていきます」。

組合リーダーによると、このスピード感が重要である。「経営統合の話をいくつか聞くことがあるんですけれど、組合員に知らせるのが割りと遅れがちではないですかね。このパンフレットは会社から話があった直後に、委員長と二人で、もちろん会社とすり合わせながら作りました。会社の資料だけでは不安かもしれないということで」。

3　組合合併

労働組合が取り組むべき課題は二つだった。一つは経営統合によって労働条件、雇用はどう変わるのか。もう一つは労働組合組織をどうするのか。後者から見ていこう。

一社二組合は当初より想定していない。この組合が考案した選択肢が表1に示されている。二つの組合がともに解散して新しい一つの組合を結成する。子会社の組合が親会社の組合に吸収合併される。組合間で協定を締結して、会社合併とともに、子会社組合の組合員を親会社組合が自動的に承継する。

「労働組合の合同（合併）とは、二つ以上の労働組合がその存続中に一つの労働組合に統合されることであり、……甲乙二組合が合併して丙組合になる場合（新設合同）と、甲組合が乙

表1　組合組織統合の選択肢

方法	メリット	デメリット
1．解散	規約上制約なし リードタイム的に成立する見込み	新規組合設立／外部団体加入等のリスクあり
2．合併	旧子会社組合員を洩れなく継承可能	規約に記載なし→手続き煩雑で、会社統合に間に合わない可能性
3．自動承継	旧子会社組合員を洩れなく継承可能。労組間での取り決めで承継可能（個人の同意書不要）	子会社組合の解散決議の後に、彼らに一定の異議申し立て期間を与える必要あり
4．併存	会社統合に向けた手続き不要	組合併存時は交渉等でのやり難さあり（早いタイミングで統合必要）

組合を吸収し甲組合として存続する場合（吸収合同）とがありうる」「労働法は、合同を認める規定を欠いているが、学説は一般に可能性を肯定する」(1)。

この表に示された上位三つの選択肢と最後の四番目の選択肢は次元が異なる。四番目はさしあたり組織統合しないが、経営統合後に問題が生じるから、結局は一から三のどれかの方法で組織統合を行う必要が出てくるということである。結局はいずれにしろ労働組合の組織統合を進めるという判断であったから、当初より、四番目の選択肢は外されている。

残りの三つのうち「2．合併」は子会社の労働組合の組合規約に、合併手続きについての記載がなかったため、組合規約改正の手続き（中央執行委員会、中央委員会の決議）を経る必要があること、親会社の労働組合も同様の手続きをとる必要があることなどから、この選択肢も早い段階から落とされている。「1. 解散」の手続きを採る場合、「全員投票」を行い子会社組合の解散を了承してもらったうえで、[2]親会社に採用されたのち、親企業組合（ユニオン・ショップ協定を締結している）に加入するか、あるいは別の労働組合に加入するかの選択をしてもらうことになる。デメリットにある「リスクあり」とは、新たに親会社に採用される組合員が親会社組合以外の組合を選択する権利を与えられるということである。

最終的に選ばれたのは「3. 自動承継」である。労働組合法上の規定はともかく、実際に採用されたのは、子会社組合の組合員は経営統合後、親会社労働組合に自動的に加入するという協定を両組合が締結し（個人の同意不要）、子会社組合の解散決議の後に、彼らに一定の異議申し立て期間を与えるという方法であった。異議申し立て期間は二週間としたが、「特に異議は出なかった」。

労働組合が解散する場合、組合財産の帰属が問題となる。「解散した法人である労働組合の財産は、規約で指定した者に帰属する（労働組合法一三条の一〇第一項）。規約で権利の帰属すべき者を指定せず、またはその者を指定する方法を定めなかったときは、代表者は、総会の決議を経て、当該組合の目的に類似する目的のために、その財産を処分することができる（同条二項[3]）」。

解散した子会社の労働組合の規約には解散時に主要財産（解散時点で数億円）をどう処分するかについての記載がなかった。したがって、労働組合員（とOB）に返すか、新たな提案を大会で行い決議するかの二つに一つとなった。前者の場合、現役労働組合員に限れば一人一七万円が返却される。だが、そうなると、親組合の財政に与える影響は大きい。親組合がそれまでに蓄積した財産を、蓄積に寄与していない新たな組合員のためにも利用する可能性が生じるからである。執行部としては「組合員に返さずに、合併先の労働組合に全額譲渡ということで行きたい」。「組合統合と同じように、財産処分についても徹底的に議論し、最終的には全額譲渡で合意を得ることができた(4)」。

4　労働条件

次に労働条件の変更について見ていこう。経営統合の発表時点では、統合後の労働条件の詳細は未定で、表2にあるような方向性だけが示された。

労働組合が会社に求めたのは次の点であった。第一に労働条件、人事制度に関する両社の違いをQ&Aとともに会社ホームページへ掲載する。第二に労働条件、人事制度の変更に関してはハンドブックの作成、配布、ホームページへ掲載する。第三に定期的（三週間に一度）に労

表2　労働条件等の変化の方向性

項目	内容
賃金	賃金水準は維持される。
資格や役職	自社の職能資格制度をベースに親会社の職能資格制度に移行する。 新組織での役割やポストに応じて役職を決定する。
勤務地	組織や機能によって勤務地が変わる場合もある。 時期や部署・対象者は今後検討していく。

使協議会を開催し、労働条件、人事制度や組合員の不安に関する情報の共有を図る。組合員の不安については組合独自で電話相談ダイヤルを設けたほか、個別の聴き取り、職場での職場集会を開催して収集し、労使協議会で会社側に伝えている。

第一回目の労使協議会はプレスリリースの一〇日後に開催された。その間に収集された組合員の不安は第一が雇用だった。だが、これは会社側から全員の雇用は守られると発表され、すぐに解消した。第二は勤務地変更、第三は作業服、第四は自分が配属される組織、自分の役割だった。勤務地変更は主に本社機能のスタッフ部門が対象で、変更を望まない組合員もわずかに出たが、個別の事情（介護、年少者の養育、自身の病気等）は考慮するが、勤務地限定の採用ではないため、個別の説得を重ねて、対象者は全員異動した。作業服については、子会社工場では実際にはジーンズ、Tシャツなど自由だったが（一応、指定された作業服はあった）、統合後はどうなるのかという疑問である。これについては「経営統合して一つになるんだから、作業服も親会社と同じルールでやっていかないとまずいよね」と工場の各職場で話をして、理解してもらったという。

三週間ごとの労使協議会のテーマ、協議内容、雰囲気は組合ニュースで、写真を添えて組合員に伝えられた。組合リーダーによると「組合ニュースで会社と協議しているよというのが、しっかりと組合員に伝わるというのが一番、大事だったと思います。そこには重役の顔も入っている。組合は自分たちの意見、不安、要望をしっかりと会社側に伝えているんだなあということがわかる」。

労働条件、人事制度は最終的に親会社の基準に合わせていくこととなった。「トータルで組合員の皆さんにプラスに働く内容」となったのである。プラスの代表例として賃金がある。両社とも類似の職能資格給制度にそった賃金制度だったが、資格ごとに記入される賃金額が異なっており（子会社の方が低かった）、数年かけて、同一水準に引き上げていくこととされた。

他方、大きく変化した項目もある。一つは労働時間規制である。年間時間外労働時間五四〇時間の目標達成時期が二年早まった。年間有給休暇取得日数目標が四日間増えた。組合員からは「目標達成に向け、業務効率を上げる等努めるが、人員不足・投資抑制という状況の中で、今後の働き方がどうなるのかが不安」との声があがった。組合としてはこの機会を前向きにとらえるよう促すとともに、会社に対し「働き方改革への取り組みを管理職に再度、徹底する」とともに、「年間を通した時間外労働時間管理を実施するよう」要請した。

もう一つは家族手当の廃止と子ども手当への移行である。これについては家族構成が組合員によって違うので、賛否いろいろ意見が出た。子どもが多い組合員は喜び、配偶者のみ、あるいは配偶者と親を扶養している組合員からは苦情が出た。これに関しては、一定期間の移行措置が取られることになった。

組合員の不安の四番目であった役割については、係長級までは横滑りとなった。それ以上は、ポスト数も限られていることもあって、人によって違いがでてきたが、会社側の専権事項であり、組合として特に是正策を要請していない。

（1）菅野和夫（二〇一九）八七七頁。
（2）「労働組合は、①規約で定めた解散事由が発生した場合、または、②組合員または構成団体の四分の三以上の多数による総会の決議がなされた場合に、解散する（労組法一〇条）」（菅野同上書、八七一頁）。
（3）菅野同上書八七二頁。
（4）組合リーダーによると、組合規約に「解散時に、財産を組合員に返却する」と書かれている場合、このような組織統合のケースに問題が生じる可能性がある。

H　外資による買収と国際競争

1　グローバル企業から経営破綻へ

数奇な運命をたどった会社である。複数の日本企業が特定の事業部門を切り出し、新たな会社を設立したが、発足当初から業績不振にあえいだ。難局を乗り越えるため、欧米企業で活躍していた日本人を社長として迎え入れた。新社長のもとで事業は順調に拡大し、さらなる事業拡大と経営基盤の強化を目的として株式市場への上場を短期間で果たす。その後も、欧米企業と技術開発提携を結び、アジア系企業を子会社化するなど、技術的にも世界トップレベルを誇るグローバル企業へと成長する。

激しい国際競争を勝ち抜くためには巨額の設備投資を必要とする産業であった。そのため公募増資、社債発行、銀行融資など、あらゆる手段で資金調達が行われた。そんな中、製品価格の世界的下落と円高に見舞われ、業績が急速に悪化する。新たな資金確保も困難となり、会社更生法の適用を申請し、経営破綻してしまう。

窮地を救ったのは、同業種の欧米企業であった。全株式を取得し、この会社を傘下に収める。わずか一〇年間でこの会社をグローバル企業へと成長させた日本人社長は会社を去ることとなった。

この一連のプロセスに労働組合がどう対応してきたのか、また、現在の労使関係はどのような特徴を持つのか、これらを以下では述べる。

2 ユニオン・バスター

この事例で活躍する労働組合のオリジンは、事業統合した複数の日本企業のうち一社の工場に組織されていた労働組合である。新会社発足の一〇年以上も前に結成されている。工場側とユニオン・ショップ協定を結んでいた。

新会社発足時には複数の日本企業から従業員が転籍したため、それぞれの出身企業で従業員代表を選び、転籍に伴う手続き、処遇などについて新会社の本社人事部門と協議しながら決めていった。その後、彼ら従業員代表を軸に、新会社の本社部門を中心に労働組合を結成しようという機運が盛り上がったが、新たに欧米企業から迎え入れた日本人社長が「大の労働組合嫌い」で、組合結成の動きがつぶされる。

日本人社長は工場の労働組合にも圧力をかけてくる。ユニオン・ショップ協定の破棄を求めてきたのである。組合リーダーによれば「経営、職場環境、賃金や労働条件についての意見を労働組合から聞きたくない。話し合いなどしたくない。組合がなくても、経営はうまくできるという考えであった」。労働組合は会社側の圧力から身を守るため産業別組織に加盟した。その後、産業別組織三役と会社幹部が協議を行い、工場におけるユニオン・ショップ協定は維持されることになった。

3 会社更生法申請

突然の会社更生法適用申請に驚いた組合リーダーは迅速な対応を迫られた。申請翌日には地方裁判所に出向き、他方、工場長、管財人予定弁護士と今後の対応について協議した。次の日に産業別組織本部を訪問し、組合としての対策を話し合い、「今、わかっていることだけでも組合員に説明しなさい」などのアドバイスを受ける。地元に戻り、労働金庫に行き特別融資について相談する。工場では臨時の執行委員会、職場代表者会議を開催し、状況報告、今後の流れを説明した。あっと言う間に一週間が過ぎたそうである。

次の一週間は地方裁判所による意見聴取への対応、意見書提出に追われる。会社更生法申請に関する意見書を提出するよう求められたが、「見本があるわけではなく、弁護士に相談しても納得できるような回答があるわけでもなく、非常に苦労した。けれど、組合に認められた権利なので、意見書も管財人との話し合いも懸命にやりました」。

その後、リーダーは産業別組織本部の指摘で、自らの組合が法人格を持っていないことに気づく。法人格がないと、もし会社更生法が適用されず倒産になった場合、労働債権確保のための資産の差し押さえができないという事態に陥る危険があったのである。そのため組合規約を改正し、臨時大会を開催して、規約改正を認めてもらったうえで、労働委員会に資格審査を申請するという手続きが必要であった。「この地方の労働委員会は資格審査が厳しく、申請してから一カ月半くらいで、ようやく法人登録が出来ました」。

資格審査手続きが行われている最中に、新たなスポンサーが決まり、会社側から地方裁判所へ会社更生計画書が提出される。労働組合は、管財人からの説明を受けた後に、計画書への意見書を提出した。会社更生法適用申請から一年後に会社更生計画が認可され、その半年後に、スポンサーとなった外資企業の完全子会社となった。

4　生産の継続

奇妙なことであるが、会社更生法の適用を申請した後であっても、生産は続けられ、人員整理が行われることもなかった。組合リーダーによれば「価格がひどく安くなっているとはいえ、需要はあるんです。だから赤字なのに生産し続けなければいけないという業種なんです」。製品価格も上昇してきて、適用申請した春にも新入社員を採用しているし、一年後には黒字に転換している。そのため春闘要求も管財人を通して地方裁判所に提出した。「黒字に転換していましたから、裁判所にストップしている定期昇給をして欲しい、また一時金も下がりましたからアップして欲しいとお願いしました。裁判所はどちらか一方ならばＯＫであるとの回答でしたので、定昇を選択しました」。

5　人事労務管理

一〇〇％子会社になって雇用、人事労務管理制度、労使関係はどう変わったのだろうか。具体的に見ていこう。

まず、雇用は守られた。上述したように会社更生法適用申請後に、製品価格が上がり、工場はフル稼働していたからである。したがって、この間に、希望退職を募集していない。「経営が不安だからと言って辞めた組合員は一〇人から二〇人くらいです」。ただ、組合員の多くは「不安だけども、給料はもらえているし、仕事も特に変わっていないから、様子を見ようよということで残っていました」。

人事管理制度は変わった。組合リーダーによれば「日本の制度で活かすものは活かす。けれども本社の制度に合わないものはまったく受け入れない、これが基本です」。全員に支給されるわけではない属人的な諸手当、扶養手当、家賃補助、独身寮、財形貯蓄奨励金などは原則すべて廃止となった。ただ、猶予期間がつけられたのが扶養手当（五年間、新入社員はなし）、独身寮（一〇年間、または三〇歳まで）などであった。

収入は基本的に維持された。毎月の給料プラス一時金相当分を一二で割ったものが月収となった。月収ベースでは上がったので、残業代もあがり、したがって、年収ベースでも上がっている。

だが、賃金制度の詳細が公開されていない。全世界共通のジョブ・グレード・システムを導入しているが、賃金表が公開されていない。平均値もレンジもわからない。昇給は経営側が決める。定期的に全員を昇給というのではなく、昇給時期も決まっておらず、選考された従業員に対してのみ昇給の有無と額が上司から知らされるというスタイルである。

ジョブ・グレードのアップ、つまり昇格も不定期である。日本企業時代は昇格は年に一回が基本であった。外資企業になってからは、昇格も全員ではなく、かつ時期も不定期になった。

6 労使関係

労使関係は難しくなったようである。リーダーによれば「春闘で賃上げをしてくれという要求は出すんですけれど、グローバル企業であるわが社のやり方で上げますという回答しかくれない。一時金にしても、毎月の給料に盛り込んでもらっているので、要求できない。この会社独自のインセンティブ・ペイという一時金はあるんですけれど、利益が出たら支給されるというもので、ゼロの時もあれば、数万円の時もあるし、ある程度もらえる時もあり、これは交渉の対象にはならない。年収は結果として上がっていて組合員はＯＫと言ってくれますけれど、ただ交渉して取ったという感じはあまりない」。春闘の関係でいえば、「ストライキ権を事実上使えないのではないか」というのがリーダーの悩みである。組合要求に対して額での回答がないからである。

とはいえ、その他の重要な課題について交渉協議は行っている。主要な議題としては安全衛生問題、カレンダー協定、時間外規制などである。安全衛生問題は工場内というよりも、新たな施設を建設中なので、そこでの安全衛生問題が中心課題になっている。カレンダー協定は日勤、シフトの年間の休みを決めている。工場では四班二交替制のシフトを敷いていて、昼勤と夜勤が交互に来るような勤務体制である（四日間勤務して四日間休む、拘束時間は一日一二時間で、昼勤と夜勤を交替）。海外では夜勤が三カ月間続くようなシフトがあるようで、本社からたまま来た経営陣がそのようにシフトを敷くよう言ってくることがあるそうだ。組合としては「夜勤手当がなくなる月があるのは困る」という組合員の意見もあって反対している。

この他、会社側と毎月、人事総務連絡会を持っている。執行委員（一〇名）、職場代表委員（八四名）を通じて、毎月、職場から五〇～六〇件くらいの要望があがってくるので、この人事総務連絡会で協議している。職場からの要望とは、たとえば食堂（業者に委託）、コンビニエンス・ストアの設置問題、通勤バス、駐車場、有給休暇買取要求など多岐にわたる。

I 事業譲渡と外資

1 労働組合の対応

日本企業が特定の事業を外資企業に譲渡したという事例である。労働組合は事業譲渡が行われる旨の通知を会社から受けた後、譲渡の背景、労働条件や人事労務管理制度の変化について十分な説明をするよう会社に求め、他方で、組合員からの疑問、不満、要求に耳を傾け、それを会社に伝えながら、対応した。労働組合としては、本社自体の経営も危うくなってきており、一部の事業を譲渡し、譲渡先で活躍してもらうという会社の方針を理解できたし、雇用も確保できて、今後事業継続が見込める相手先を選択してくれたという認識も持っていた。ただ、譲渡先の外資企業はM&Aを繰り返している会社であり（現在でもそうである）、将来的にやや不安があることも否定できない。

日本企業にはもともと労働組合が組織されていたが（ユニオン・ショップ協定を締結）、譲渡された事業所にあった労働組合組織は事業譲渡後三年間は、この労働組合の支部として外資企業に向き合った。組合リーダーによると「労働組合をすぐに切り離して外資と対峙できるかというと、そういう準備もできていなかったし、本部のアドバイスを受けながら人事制度や福利厚生制度の見直しに対応していくのがよいと判断しました。三つの事業所にあった三つの支部を一つの支部に組みなおした上で、本社の労働組合全体で取り組んだのです」。

新人事制度、新福利厚生制度の見直しの労使協議を進め、新人事制度が事業譲渡二年後に運用開始、新福利厚生制度が三年後に運用開始となった。労使協議と並行して、労働組合支部の単組化の議論が組合内部で進められていった。本社労組からの独立を支部決議機関で決議し、本社労組の大会でも単組化を決議した。その後、支部の執行部、一般組合員の有志で「単組化準備委員会」を設置し、新しい組織についての提案をまとめ、独立決議からほぼ一年後に結成大会を開催している。

その過程で、労働組合の必要性を組合員全員にたずねた。「新しい労働組合を立ち上げますが、それについて何か意見がありますかと聞いたのです。幸いにも、立ち上げることには特段不満はない。要りませんという声は一つもなかった。必要だという積極的な声もあまりなかったのですけれど、要らないという声がなかったのだから、必要だと言ってくれていると解釈して、新しい組合を立ち上げました。ただ、組合費が高いというような声があったので、二〇％引き下げるというようなこともやりました」。

独立する際には独自の組合規約を作成する必要があったが、これについては産業別組織のスタッフに非常に世話になった。「基本的には本社労組の規約をベースにしたんですが、新しい、規模も小さくなる労働組合が、同じような規約で大丈夫ですかとスタッフに言われて、いろいろサポートしていただきました」。

ユニオン・ショップ協定は新会社でも締結されている。とはいえ、「会社側は、必要な人は組合に加入しなくても辞めさせない」というスタンスだという。中途採用の社員（外国人も含めて）からは「組合に入るメリットは何ですかと聞かれることが多いのですが、ユニオン・ショップ協定を結んでいるので、単独で組合をつくることもできますが、組合員同士、みんなで助け合って会社と対峙することが大切なので、われわれの組織に入ってくださいと説明して、入ってもらっています」。

2　雇用調整

事業譲渡以前にも、段階的に従業員は減らしてきており、外資企業になった時点では従業員は二〇〇〇人ほどであった。事業譲渡後、いくつかの自然災害の影響もあって、事業拡大が難しくなり、結果として、事業譲渡後の三年間で雇用調整が三度行われ、従業員はほぼ半数となった。

この間の雇用調整では、会社側から申し入れがあり、労働組合も将来計画などを確認しながら、丁寧な協議を積み重ねきた。譲渡前も雇用調整は行っていたが、完全な希望退職で、年齢五〇歳以上、会社都合退職＋αの退職加算金は最大五〇カ月であった。譲渡後の雇用調整も希望退職で行ってきたが、だが、途中で、従業員の希望を優先するというよりも、会社側の都合を優先し、「残したい人には手を挙げないでくださいというようなことが露骨に行われるようになりました」。また、退職加算金も減額されていった。組合員の中には、退職加算金を望んで、自らを指名するよう組合に駆け込んでくる組合員も出てきた。「職場が縮小していく中で、自分の業務量がどんどん増えている。もうこの会社にいてもだめだから、できれば自分を選んでほしいと組合に来る人も出てきました。選んでもらえれば会社都合で、その上、退職金加算がつくが、選ばれずに辞めれば自己都合退職にしかならないからです」。労働組合としては個別に退職勧奨をしないように申し入れたが、会社としては「強制しなければ、法的には問題がないということで進めてきた」。労働組合としても難しい立場に置かれていた。組合リーダーによれば「完全に対抗して、会社と闘えるかというと難しい。既に外資に買われた身で、業績が伸びない中で、そこに盾ついて、じゃあ、やっぱり日本は要らないねという結果は避けなければならない」。

その後も、大規模ではないが、個別の退職勧奨（応じれば退職加算金が支給される）は行われている。労働組合としては依然として反対の立場を貫いているが、「人事は、アメリカでは一年で二割程度が入れ替わるのが普通だと当初から言っています。組合としては退職強要は法的に許されないことから、本人が残ることを意思表示しているのに勧奨を何回も繰り返すようなことがあったら、組合は断固抗議しますということを組合員にも、人事にも伝えている」。

3　人事制度の変革

人事制度は大きく変わった。日本企業時代では職種を通して同じ資格制度が適用され、同一資格であれば同じ賃金表が適用された。外資になると職種によって格付けされる資格が異なるようになった。資格はたとえば一等級から一〇等級あり、管理職は八等級以上、オペレーターは二等級から四等級、エンジニアと営業は五等級から七等級というように定められた。オペレーターはどんなに優秀であっても、エンジニアを超える資格に格付けされることはない。そして図1にあるように、等級ごとに賃金レンジが決められている。

図1　等級別賃金レンジ

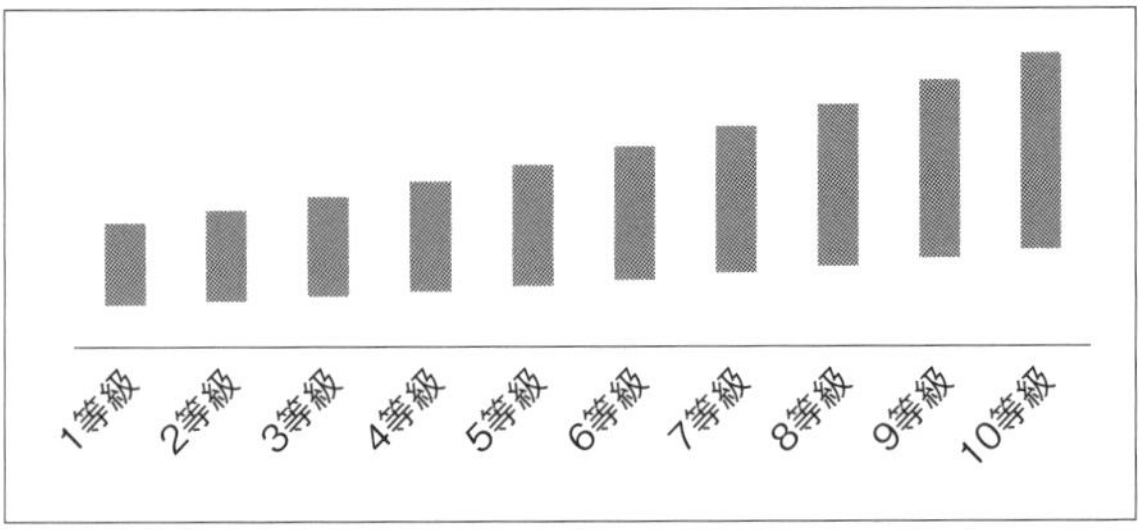

各等級内でレンジが幅広く設定されており、等級間の重なりが大きい。したがって、等級の低いオペレーターの賃金が高い等級のエンジニアの賃金よりも常に低いということにはならない。賃金レンジについて会社側は次のような説明をしている。「これは日本国内の賃金相場を分析し、職務ごとの市場価値を把握したうえで、設計されている」。各等級には中間点が決められ、そこを中心にプラスマイナス数十%のレンジが定められている。中間点より下であれば、同じ評価であってもより多く昇給し、中間点より上であれば、昇給は少なくなるという設計である。

次に評価制度を見よう。期初の目標、期末の成果を記した面談シートを部下が作成し、それを踏まえて上長との個人面談で評価が決まる。評価項目は年間の業績評価とポテンシャル評価を組み合わせて行う。年間の業績評価では成果・業績、それを生み出すための行動姿勢、能力開発面を評価する。ポテンシャル評価では能力、向上心、組織への影響力などを多面的に見ながら、昇給・昇格の可能性を評価する。この二つの評価を組み合わせて、たとえばA、B、C、Dといった四段階評価をし、その結果を昇給、昇格に活用する。

実際の昇給額は、現行の賃金水準と評価結果に応じて、上長が決めることになっている。たとえば三等級で中間点のプラスマイナス五%（たとえば二三・七五万円〜二六・二五万円）であれば昇給は二%になる。それ以下では昇給はたとえば三%、それ以上であれば一%というように。昇給がない場合もある。評価結果と昇給率との関係についてのガイドラインがあるようだが、それは開示されてはおらず、あくまでも上長の判断で昇給率は個別に決められるというのが会社側の方針である。

ベースアップ込みの賃上げ要求をする前に、日本サイドの賃上げ幅は一二月頃に明らかにされるので、加盟する産業別組織の賃上げ闘争に参加することは実質的には難しい。春季生活闘争では、昇給原資の適正な配分、初任給、最低賃金、福利厚生制度、労働法規改定への対応を行っている。

等級が上がること、すなわち昇格は空きポジションが生じた場合、または本人の職務範囲が拡大したと判断された場合に、人事評価結果や上長の判断などを踏まえて行われる。社内で空きポジションが生じた場合、当該ポジションに必要な能力、経験がありと認められ、さらに人事評価結果が良好であることを条件に、受け入れ部門責任者の面談による判定、さらには人事部門の承認を経て昇格が決められる。職務範囲拡大による昇格とは、部門責任者が部下の職務範囲が拡大したと判断した場合、部門責任者による昇格推薦書と人事評価結果を踏まえて、職能責任者の承認を経て昇格が決められる。空きポジションによる昇格は随時、職務範囲拡大による昇格は毎年一回、行われる。

賃金カーブは日本企業の時よりも、急になっているという。昇格して、管理職になると、右肩上がりで賃金は上がっていく。「以前の日本企業でしたら、管理職になっても、主任クラスが残業した方が手取りが高くなるということがあったのですが、現在は、管理職になるとどんどん給料があがる仕組みです。外から来たトップに言わせると、それまでの管理職が低すぎたんだ、それじゃあやる気が起きない。もっと上げるべきだと組合に伝えてきたそうである」。

一時金は基本給の四カ月で固定である。人事評価は反映されない。これとは別に業績連動ボーナスがある。ただし、このボーナスは等級でいえば、たとえば六等級以上に支給される限定的なものである。業績に連動するのでゼロの年もあれば、○・五カ月分、一カ月分というように変動する。労働組合としては組合員全員に配分せよと要求し、協議しているところである。この要求は近々、実現するそうである。

福利厚生制度は属人的な要素に基づくものはすべて廃止となった。子ども入学補助手当は従業員の成果とは無関係なので廃止された。財形奨励金（貯蓄額の数%を会社が支給）は個人の財産形成に対して会社が奨励金を支給するのは経済的合理性が認められないので廃止、財形持家融資も同様の理由で廃止された。二〇日間の有給休暇、五日間の夏季特別休暇は継続しているが、それ以外の特別休暇は廃止された。生理休暇、検診休暇、産前産後休暇、看護休暇、介護休暇は無給となった。

有給休暇はしっかりと取得するように会社からの指示がある。国際的な会計基準によると、未消化の有給休暇は負債として計上され、利益が減ってしまうからだ。

J 日本企業による買収と強い労働組合

1 異業種の統合

異業種の日本企業二社が株式交換し対等合併した事例である。とはいえ、事実上は親会社（次々とM＆Aを進めている）による吸収合併と見てよいようだ。有価証券報告書によれば完全子会社化による経営統合と書かれている。このケースで活躍するのは、吸収された企業を組織する労働組合（吸収前の企業とユニオン・ショップを締結している）である。

異業種企業による経営統合は、組合リーダーによると「重なるところはないのですが、親会社としてはウィングを広げたいというのが一番の目的だったのではないでしょうか。これまでの顧客先に、こうした製品もありますよとアピールしていく。あるいは二つの事業を融合して新規事業を開拓していく。そういうねらいがあったと思います」。

2　労働組合組織

親会社の労働組合組織の状況は事業所によって異なる。ユニオン・ショップ協定を締結している労働組合がある事業所、労働組合はあるけれどオープン・ショップの事業所、三つの労働組合がある事業所、労働組合のない事業所など様々である。運動路線の違いではなく、親会社によるM&Aの前の状況がそのまま残っているのである。

経営統合の話は子会社の労働組合には事前に知らされていなかった。会社側でも、情報が上層部のごく一部にしか伝えられていなかった。労働組合は、発表直後に、会社（吸収される側）に対して正式の申し入れを行い、経緯と今後の対応について問いただした。「労働組合としては、まずは社員の雇用確保、事業再編の方向、労働条件、労働組合組織の存続などについて、会社側にたずね、回答を得ながら、協議を半年間くらい続けました」。組合員もかなり動揺した。組合リーダーは全国の事業所すべてを訪問し、集会を開き、組合員の不安、悩み、疑問を聴くとともに、他方で、機関紙を使って随時、会社側とのやりとりに関する情報を流した。

以下、雇用確保、労働条件、労使関係について見ていこう。

3　雇用と退職金制度

雇用は確保された。親会社の社長自らが「社員の首は切らない、だから安心してくれ」と日ごろから明言している。組合リーダーによれば、吸収された会社のトップは「そういう発言を全くしなかった人ですから、かえって、社員としては安心材料になったと思います」。

人事管理制度、労働条件は基本的には親会社に合わせた。吸収された企業の労働条件が多くの面で良かったため、労働条件は親会社に合わせることによって低下した。低下が大きかったのが退職金である。退職金を三分の一削減という案が会社側から提案されたが、組合大会で否決された。その後、親会社と話し合いを進めていく中で、会社側が定年延長を検討していることがわかってくる。そこで労働組合は「私たちは退職金を生涯賃金の一部として認識しているので、定年延長をしてくれるのならば（六〇歳から六五歳へ）、退職企の三分の一削減を受けいれることもできます」と伝え、その結果、六五歳まで定年が延長され、五年間で退職金の三分の一削減分をカバーできるようになった。しかも六〇歳時点で退職か延長かを選択できるようにし、六〇歳時点で辞める従業員に対しては従来の退職金を支給することにした。かなり多くの従業員が定年延長を選択した。

4　賃金制度と一時金

賃金制度は大きく変わった。吸収された企業の賃金制度は仕事給プラス属人的な部分からなり、後者の属人的部分は地域生計費を考慮して設計されていた。親会社の賃金制度は総合決定給（初任給に毎年の昇給が上積みされる）プラス職階手当というシンプルなものであった。後者は職務階級ごとに定められた定額である。親会社の賃金制度が適用されたのだが、基本的には月次賃金額が維持されるように、総合決定給＋職階手当に移行したと見られる。職務階級は両社で異なっていたが、仕事内容を考慮しながら、子会社の個々の従業員を親会社の職務階級に当てはめていった。格付けされた職務階級ごとに支給される手当（親会社の制度）を、これまでもらっていた月次賃金から差し引いたものを本人の総合決定給として改めて定めたと考えられる。

以上の話し合いは子会社の人事と子会社の労働組合、および親会社の人事と子会社の労働組合の間で行われた。月次賃金額を変えずに、親会社の賃金制度を適用していくということを決めるプロセスはかなり時間がかかったが、決まってしまえば、「すんなりいった」そうである。こうした改定が比較的スムーズに行われたのは、もともと年齢別の賃金カーブが両社で似ていたからである。大きく異なっていれば、月次賃金を維持しながらまったく原理の違う賃金制度に個々の従業員を当てはめるのはかなり難しかったと思われる。

人事考課は子会社に近いものをベースにしているが、運用が異なる。子会社では以前より、人事考課の結果を本人に必ずフィードバックし、賃金改定表を示している。親会社では人事考課は行っているが、考課結果は示しておらず、また昇給額も明確に示されていない。

一時金は業績連動に変わった。子会社の以前の一時金は、業績にかかわらず、基準内賃金×固定月数であった。他方、親会社では事業部ごとの業績連動で一時金を決めていた。事業部ごとに違うということで、組合員からは反対の声があがったが、労働組合としては「業績連動を受け入れてもよいが、協定化をお願いしたい」と親会社に申し込んだ。それを受けて、会社は基本算式について提案し、労使合意を求めてきた。一応、協定は締結しているが、「最終的な支給月数については、裁量の余地があるので、そこまでは詰め切れていない」。ただ、基本的な考えについては合意できているので、子会社の労働組合は一時金要求をしていない。組合員からの不満は消えていない。「事業部によって業績が違うと、同じ組合員であっても、月数に差が出てくる。これが不満のもとです」。とはいえ、業績連動型のメリットもあるので、「組合員にはその旨、伝えており、不満はあるものの、一定程度、納得してもらっているのではないか」とリーダーは言う。なお、親会社の労働組合は同様の協定を結んでおらず、その都度、一時金要求をしている。

5 労使関係

労働組合組織は依然として事業所ごとに異なる。子会社の組合は現在でもすべての事業所でユニオン・ショップを維持しているが、ただ、本社スタッフ部門は親会社の本社事務所に移動したために、この従業員たちはユニオン・ショップ協定の範囲から外されてしまっている。労使交渉は子会社労使、子会社の人事部門を通じて親会社と行うという二段構えになっている。親会社全社に共通する労働条件もこうしたプロセスで交渉し、合意結果は親会社全体に及ぶために、「以前のように自分たちだけで決めるということができなくて、合意に至るハードルがかなり高くなりました」。親会社の各労働組合は、それぞれ各事業所との交渉、協議を行っており、本社と交渉をすることはないようだ。「各組合と親会社との意見交換の場はあり、そこで最終的に決まったことが各組合のトップに伝えられる」。

子会社の組合リーダーは子会社の法人格は最終的には消滅すると考えている。そうなると労働組合の交渉相手がなくなり、労働組合の存在意義が問われることになる。そうした危機的事態を避けるため、組合リーダーは親会社と子会社の両社を相手に労働協約の締結を求め、了承を得ることに成功している。そこまでに来るのに「かなり時間がかかりました。最初は、親会社はあまりいい顔はしないわけです。子会社の労働組合と労働協約は締結したくないという意思があったと思います。けれども、子会社の法人格が消滅してしまうと、労働組合も解散しなければならなくなる、それだけは避けたかった」。

なんとか組合の要求を認めさせようとしたが、決め手は「組合員へのアンケートだったと思います」。組合員に対して「ユニオン・ショップという枠組みがなくなったら、あなたは労働組合を抜けたいと思いますか」「労働組合はあなたにとって必要ですか」というアンケート調査を行い（回答者数約二〇〇〇名）、前者に関しては七三・五％がＮＯ、後者に関しては八七・九％がＹＥＳと回答したのである。これを受けて親会社側も「これが社員の意思だということであれば、会社としてどうのこうの言うことではない。労働協約を締結しよう」ということになった。

K　労働組合と社員会

1　二つの従業員組織

同じグループ内で同業種の企業二社が合併した事例である。存続会社には労働組合が組織され（ユニオン・ショップ協定を締結）、もう一つの会社には社員会が組織されており、最終的には二社の従業員によって新しい労働組合が結成された。

労働組合のリーダーが企業合併を知ったのは、正式発表された当日である。この時点で相手側には労働組合がないこと、社員会があることは知っていた。正式発表の二週間後に、それぞれの企業の人事部門、組合リーダー、社員会リーダーの四者が一堂に会して、労使関係の今後を話し合った。労使関係の今後とは労働者の組織をどうするかである。選択肢は四つ、現状維持つまり労働組合と社員会の併存、いずれも解散、統一した労働組合、統一した社員会である。

組合リーダーの答えは「オール・オア・ナッシング」、つまりどちらも解散するか、あるいは統一した労働組合を結成するかであった。「こちらの会社だけ労働組合があって、むこうは社員会か組織なしでは労使関係は運営できないので、オール・オア・ナッシングだと。そしたら社員会の代表が、労働組合をつぶせますかと聞いてきたので、それは無理ですと答えました」。

2 社員会での議論

その一週間後、二回目の会合が開かれ、その席で、社員会代表が「労働組合を作る方向で検討しましょう」と発言する。労働組合のない企業で働く従業員の説得には、もっぱら社員会代表があたった。既にあった労働組合のリーダーは「側面支援に徹しました。私どもが前面に出てもよくないので、労働三法の説明とかでは同席しましたけれど、でしゃばって、説得したということはありませんでした」。

以下では、社員会内部の議論の推移をやや詳しく見ていこう。社員会代表がそのメンバーに向かって「当社の社員会、存続会社の労働組合というそれぞれの従業員組織の間で、新会社の従業員組織について議論をしていくことになります。当然、新会社での労働組合の設立も選択肢の一つとして視野に入れた議論をしていくことになりますが、現在の社員会のままでは若干問題があります。それは現在の社員会には会社の関与が大きいことです。この問題をまず解消する必要があります」と説くことから始まる。

まず社員会と労働組合の違いは次にあることを社員会メンバーに理解させることから始めた。目的＝労働条件の維持向上か、労使コミュニケーションの円滑化か、メンバーシップ＝組合員だけか、役員も含む従業員か、運営費＝組合費か、会社全額負担か、機能＝発言と交渉か、発言だけか、会社との約束＝労働協約の締結か、無しか、法的裏付け＝有るか、無いかなどである。その上で、「最終的にどうなるかは別として、労働組合も視野に入れて議論を進めていく際には、メンバーシップを一般従業員（正社員）に限り、決議機関、執行機関の設置や会社との協議の場を設置する必要がある」とのことで、二回目の会合の一カ月後に社員会の全体集会で規約改正を提案し、決議した。

当初より「労働組合の設立も選択肢の一つ」としてあると表明したことが重要である。そのため、社員会メンバーから反対の声があがるであろうことを想定して、次のようなQ＆A問答集が早い段階で用意されている。

Q1：社員会は素晴らしい制度であり、組合がなくてもだいじょうぶだと説明してきたのに、組合がある企業と統合したら組合に移行というのは納得がいかない。

A1：私たちが一番悩んだことである。だが会社合併は既に決まったことである。存続会社に労働組合があり、法的にも新会社との交渉権を持つ。しかもユニオン・ショップ協定を締結している。私たちの社員会も、存続会社の労働組合と対等の立場で議論し、新しい従業員組織を作り上げていく形にしたい。

Q2：組合には加入しなければならないのか。

A2：存続会社でユニオン・ショップ協定を締結しているので、加入しないことは原則認められない。ただ、そうした決まりごと以前に、全員、一体となって新しい従業員組織を作りあげたいという思いがある。そのために、執行部の考え方をしっかりと説明し、全員の同意を得た上で、統一した労働組合を作っていきたい。

Q3：組合設立の合意に反対したらどうなるのか。

A3：反対したことを理由に、処遇などで不利益をこうむることはない。発想を変えて、どういうメリットがあれば反対せずに済むかを考え、意見を伝えて欲しい。

Q4：組合費は払わなければいけないのか、いくら払うことになるのか。

A4：労働組合は従業員主体の自主運営組織なので、運営費用や専従者の給与費用などを賄うために組合費の徴収は必要だと思う。ちなみに相手側の今の組合費は五〇〇〇円程度である。

Q5：労働組合のメリットは何か。

A5：相手側の労働組合にたずねたところ次のような点が挙げられた。第一に労使が対等の立場で労働条件を決めることができる。第二にグループの労働組合、同じ産業の労働組合と情報交換ができる。第三に、春季生活闘争を実施し、会社と賃金や一時金を交渉し、納得を得たうえで会社回答を受け入れることができる。第四に企業別組合として、その企業に勤める従業員が一つに集い、自分たちの職場や会社や労働条件の向上について会社と真摯に議論できる。

3　労働組合の結成

その一カ月後、再度、社員会の全体集会が開催され、新組織設立準備委員会の設立と「新組織は労働組合とする」旨、提案された。前者に関しては双方から委員を選出し、「会社合併にともなう新従業員組織の在り方について議論し、その設立に向けた準備を行うこと」を目的とする。後者については「新しい従業員組織を双方の従業員で共に創り上げ、早期融和を図りたい。新しい従業員組織は労働組合としたい。ただし、社員会の特徴でもあるボトムアップのコミュニケーションの良さも取り入れながら、グループ内でもユニークと言われる労働組合をつくっていきたい」との提案がなされた。

この提案後、社員会のメンバーから合意を取り付ける営みがスタートする。提案一カ月後の状況は合意が六〇％、態度保留が二三％、未回答が一七％である。最初から合意が過半数を占めていたことについて、組合リーダーは「社員会のリーダーたちが丁寧に説明して、説得がうまくいったんですね。特別なことはしていないと思います。質問が来たら、ちゃんと説明し、さらに来たらもう一回。社員会の職場のリーダーたちは普段からしっかりと活動していたようですので、彼らが言うならば賛成しようかとなったのでは。ただ、最初の過半数はもろ手を挙げてOKから、どちらかというとOK、みんながいいって言うならOKとかいろんなOKが入っていると思いますよ。そのうちに、『いやだって意地をはると空気悪くなる』みたいな雰囲気になっていったかな」。

保留の理由として多く挙げられたのは組合費、労働組合の意義、労働組合のメリットへの批判、疑問であった。たとえば、「組合費五〇〇〇円は高い」「組合費の使い途が不明」「労働組合の活動内容がわからない」「労働組合と社員会の違いは何か」「労働組合にすることによって実際にどんなメリットがあるのか」「労働組合という組織は時代にそぐわない」等である。

社員会執行部はさらに説得を続ける。一カ月半後には合意が九〇％、態度留保五％、未回答五％となる。会社の正式合併の一カ月前の数字である。合併後に、新会社の労働組合への加入手続きが進められた。加入届用紙を配信し、回収した結果、加入届を提出した従業員は九九％となった。残りの一％に対しては個別対応を行い、特別な理由のある（長欠、海外赴任者など）

者を除き、全員から加入届を回収している。その際も「反対理由を確認し、必要に応じて追加説明を行い、提出してもらえるようにする。表面的に言っていることは同じでも、反対の理由の思いの強さは人それぞれに異なるため、とにかく会話をし、信頼関係を築き、最終的には加入してもらう必要がある」との方針で臨んでいる。

既にあった労働組合は発展的に解消し、当該組合員は新労働組合に加入した。

L　組合合併と組合政策の転換

1　組合統合と規約改正

合併を重ねてきた二社が経営統合し、それぞれに存在した労働組合も合併し、相異なっていた組合政策を苦労して調整していった事例である。調整プロセスをリードしたのは、どちらかといえば、吸収された側のY社の労働組合であった。Y社は以前に経営破綻を経験している。会社更生法適用下にあったY社の再建を支援し、完全子会社化し、最終的には吸収したのがもう一方の企業Z社である。

経営統合は発表されてからおよそ半年で実施に移されたが、その短い期間の中で、労働組合統合の基本的な方向、全体像を描く必要があった。二つの組織の組合規約と労働協約を横並びに並べて、新しい案を作成し、それを両組織で議論しながら決めていくという手順でこの難しい作業が進められた。統合に際して、Z社の社長が両労組の組合役員を集めて「一緒になってさらに成長していくんだ」と発言したことが議論の方向性を決めた。当時、書記長としてこのプロセスに深く関わった組合リーダーによると「統合で労働条件が悪化することはあってはならない。いい意味で統合するんだ」が基本となった。まずは組合規約から見ていこう。

組合規約で大きく議論が分かれたという点は多くはない。執行委員、代議員、中央委員の選出方法は若干の違いがあったが、たいした問題ではなかった。議論が分かれたのは上部団体の位置づけであった。Y社の労働組合は、合理化、経営破綻の局面で、上部団体の強力かつ効果的な支援を受けた経験を持っている。非常時には、会社側との交渉、協議に上部団体の役員が出席し、単組と一体となって対処した。一方、Z社の労働組合はそうした経験を持っていない。会社も上部団体役員と交渉、協議をした経験はない。新しい組合規約に「上部団体を自分たちと同じ組織である」旨の文章を入れることには会社側に抵抗感がある。ただ、非常時に上部団体が関与することそれ自体をZ社側が拒否したわけではない。折衷案として考え出されたのは単組の正式名称に上部団体名称を入れることであった。組合リーダーによると「そうすることによって上部団体とは一体なんだということを意味すると言い切ったわけです」。

2　労働協約

労働協約の改定は、はるかに険しいプロセスであった。人事制度の改定は統合後、数年をかけて行ったが、統合前に問題となったのは次のような事項である。簡単な事項から見ると、たとえば時間外労働の一日の上限時間が四時間と三時間とで違っていた。これは良い条件に合わせるということで短い方に合わせた。

労働協約に記載された事項も違っていた。賃金、労働時間、安全衛生、人事、定年などのいわゆる規範的事項と組合員範囲、ユニオン・ショップ、団体交渉の手続きなどの債務的事項の両方が記載されていたか（Y社）、債務的事項のみが記載されていたか（Z社）の違いである。これについては、規範的事項は労働協約ではなく、労使協定で定めるということで決着した。

3　職場労使協議会の設置

最も議論を招いたのが職場単位の労使協議会の設置と職場支部の強化であった。詳しくみていこう。二社のうちY社には職場単位の労使協議会があったが、Z社には職場単位には安全衛生委員会があるだけであった。労働組合間での議論、それを踏まえた労使間での議論を積み重ねた結果、職場単位の労使協議会を設置し、そこでの協議を充実させるために職場支部を強化し、職場支部に一定程度の権限を委譲することとなった。

職場単位の労使協議会を設置することを強く主張した理由は「職場でいま起こっている問題をどう解決するのか。職場で現に起こっている様々な問題は、そこの労使で解決するのが一番、効果的、効率的ではないか」ということである。Y社では職場単位の労使協議会は毎月開かれ、そこでは売上、事業計画、営業時間、要員、過重労働など職場のあらゆる課題、また、支部の組合活動計画などが話し合われ、まさに職場に関する情報の共有を図り、問題があれば対応策を議論する場なのである。Y社労働組合の組合史によれば、一九八〇年代後半から「職場単位の労使協議会の毎月開催」が始められている。

もちろん設置がすんなりと決まったわけではない。労使協議会をもっていなかったZ社の人事スタッフは、統合前に、Y社で行われていた労使協議会の実際を見たり、あるいは支部長を面接したり、支部長を含む組合役員が労使関係についてどういう考えを持っているかなどを、詳しく調べている。支部長は当時も中堅クラスの優秀な従業員であり、「労使協議の前に、支部集会を開いて、みんなの意見を聞いて、課題を抽出して、経営側といろいろ話し合いながら、課題を解決していくということをしていましたから、力量がないと務まらない。経営側も誰が支部長に就くのかを非常に重視していました」。

新たに毎月の労使協議会が設置されることになる職場では、まず支部体制の強化が必要となった。統合直後の組合活動計画を記した議案書には「『職場の課題を職場で解決できる』ようになるには、支部役員のリーダーシップが不可欠です。役員としてのスキル、リーダーシップを磨く教育活動を実施し、支部の自立を支援する」と記されている。さらに「すべての支部に役員を適正に配置することを目指します」とあり、「組合員の声をさらに活動に反映できるよう支部役員全員で力を合わせて意見集約を行います。集約した意見を持ち寄って、労使協議の前に必ず支部執行委員会を実施します。支部執行委員会を支部活動の作戦会議と位置付けます」と書かれている。

職場単位での労使協議会を実際に定着させ、機能させるのはそう容易ではなかった。組合リーダーによると「最初はＤＶＤを作って、職場単位の労使協議会の開き方みたいなのを労使に見させることもしました。経営側にも見てもらって、労使協議会ではこういう課題について、こういう話し合いをしますというようなことを理解してもらったり。また安全衛生委員会とは議題も出席者も違うということをしっかりとわからせる。労使協議会の議事録も詳細なものを作る。協議事項を細かく決めていれば、それは絶対協議しなければいけないし、議事内容を全部、パソコンに打ち込ませて、報告させるとか、徹底的にやりました」。

4　職場労使協議会の定着

支部体制の強化、職場単位の労使協議会の徹底の結果、「今では、普通に職場単位の労使協議会をやっていますよ。経営側も今では絶対にやれと言っていますし」。

支部体制の強化とともに、支部に財政や活動についての一定の裁量を認めるような変化も生じている。Z社の労働組合では、以前は、職場支部にあまり裁量を持たせない運動を進めていた。財政面でもそうであったし、また「支部活動も勉強、学習活動は認めるけれど、運動会、お花見、歓送迎会など遊びの要素がある活動は重視してこなかった」。これに対し、職場単位の労使協議会を重視していたY社労働組合は「職場単位でのコミュニケーションを大切にし、組合員が仲良くなれる場として遊びの要素も取り入れていた」。

統合直後から後者の流れが主流となっていく。統合直後の組合活動計画には「支部活性化事業に一人当たり二〇〇〇円の活動予算を計上します」「いくつかの職場の合同運動会を開き、経営も巻き込み、風通しの良い職場風土を醸成する機会と位置付けます」「支部活性化をテーマに各支部共通の企画を検討し、すべての支部で取り組みます。たとえば年一回の運動会など」「支部の組合員同士の交流を目的に支部イベントを実施します。支部に予算を配分し、支部の組合員が望むイベント、セミナーを企画し、実施します」などと書かれている。現在では、「みんな喜んで来ますよね、やっぱり。だって現場の組合員のみなさんは、職場が違う人たちと一緒にご飯を食べたり、何か楽しいことをしたりして嬉しいじゃないですか。自分たちの組合費の使われ方にしたって、今では、支部の活動に参加して、わかるようになってきていますし、みんな良かったと思っているんじゃないですかね」。

何を学ぶか

1　一二の事例のポイント

記述の密度は精粗さまざまであるが、企業再編にともない労使関係、人事管理がどう変わり、労働組合がどう対応してきたかを一二ケース見てきた。それぞれの特徴を簡単にまとめると次のようになる。

A　破綻、更生そして外資による再建―協栄生命からジブラルタ生命へ

実名で紹介した唯一の事例である。危機に陥った経営を立て直すために、労働組合は闘争資金で株式を購入し、株主として立ち向かおうと試みる。しかし、懸命の努力もかなわず、会社側は更生特例法適用を申請し、経営破綻に至る。労働組合は更生管財人に事実上の協議を申し入れ、組合員の労働条件の確保を迫る。他方で、専従役員たちは、全国の営業所を訪問し、組合員に会い、彼らの動揺を抑えた。保険が消えてなくなるわけではなく、保険事故があれば約定どおりに保険金は支払われることなどを伝え、顧客へのお詫びと説明で精神的に疲弊していた彼らの心のケアをした。営業職員を中心に離職者は出たが（もともと離職率は高い）、最終的には海外の総合金融グループの子会社の生命保険会社、ジブラルタ生命として再出発すること

になった。

B　労使二人三脚の本業回帰

バブル期の過剰投資がもたらした経営危機を乗り切るため民事再生法の適用を申請した事例である。労働組合もまた民事再生法の適用を望んでいた。本業にまじめに取り組んでいれば危機には陥っていない。債権者の了解を得て、債権の多くを放棄してもらったうえで、同社の技術力と評判を高く評価する投資ファンドの支援を受けた。組合リーダーは債権者、取引先に支援を求める「従業員からのお願い」と題する手紙を送っている。また、加盟する産業別組織と、取引先関係の労働組合から成るもう一つの産業別組織の、二つの産業別組織の強力な支援を受け、取引先を労使で訪問、取引継続を強く求めている。この二人三脚が功を奏した。再生計画確定後、初年度で黒字転換し、残された債権も弁済することができた。わずか一年で再建完了した。しかも再生計画に盛り込んだ人員削減を行わずに済んだ。その二年半後には再上場を果たしている。

C　リストラ、賃下げ、そしてTOB

「自分が委員長である限り、人のリストラは認めない」。新たに就任した委員長はこう誓う。

だが、業績はなかなか上向かない。したがって労働条件の引き下げを飲まざるを得ない。しかも五年連続である。その間、組合案（賃金カット一〇％）が大会でいったんは否決されたこともある。五年目には賃金のベースダウン（一時カットではない）を会社から提案される。もちろん、ベースダウンに賛成する組合員などいるはずもない。それでも職場集会を繰り返し、組合員の理解を求めた。労働組合はベースダウンと引き換えに、物流部門改革を会社に提案する。物流部門の組合員は憤る。リーダーは「雇用は守る」となだめる。大会での賛成票は過半数ぎりぎりとなった。そこに投資ファンドが登場する。ファンドの指導の下で、生産性の向上、販路の拡大が進み、二年後には黒字転換、五年目には再上場を果たした。雇用は事実上、守られた。

D　対等合併と労働組合

資本出資している会社（U社）が、出資先の会社（V社）を対等合併した事例である。V社の組合員にとっては、「対等合併」によって業界トップメーカーの一員となり、労働条件の全般的なアップ、しかもリストラなしという好条件の合併であった。だが、ある種の劣等感（賃金も一時金もU社を上回ることはできなかった、U社で採用されなかった若者がV社に入社する等）、経営危機に陥った際には真っ先にリストラの対象にされるかもしれないという不安を抱えたままでの「対等合併」であった。こうした不安、不信を抱えた組合員を支えたのがV社出身の組合リーダーであった。二一年にもわたり寄り添い続けたリーダーの暖かさと大切さを感じ取ることのできる事例である。

E　ハゲタカ・ファンドによる略奪

一二の事例の中で、最も悲惨な目にあった労働組合、組合員である。しかも二度にわたりである。売上高が伸び悩む、あるいは低下する中で、二つのハゲタカ・ファンドは十分な利益を上げた。第一のファンドは営業費削減、第二のファンドは人件費削減によってである。このケースでは第二のファンド時代を主に取り上げた。第二のファンドは賃金制度の改定、夏期一時金の支給停止、賃金カット、冬期一時金の恣意的支給、変則的な希望退職募集、組合活動の制限など、ありとあらゆる手段を駆使して、労働者を搾取した。自らは十分な収益を得る一方で、労働者の賃金水準は明らかに引き下げられた。労働組合は嫌われ、無視された。苦悩を味合わされた後、同じ事業を営む日本企業によって買収され、労働者はようやく悪夢から解放された。

F　外資による買収、日本人による経営

外資による買収には悪いシナリオと良いシナリオがある。この二つを経験した珍しい事例で

ある。悪いシナリオは外資の投資ファンドに買収されたことから始まる。本社社屋の売却、人員削減とリストラは進む。この会社のサービスを愛用していた顧客が、リストラによるサービスの質の低下に我慢できず、離れていく。業績悪化がリストラをさらに必要とする。悪循環である。最終的には同じサービスを提供している同業種の別会社（X社、外資）がこの会社（W社）を買収する。経営は当初は低迷し、従業員（多くが契約社員）はリストラされていく。出身企業に関わらずである。内部昇進の若き日本人社長が状況を変えていく。組織改革、そして人事改革が進められる。労働組合の要求に応えたこともあって、契約社員の正社員化、資格制度・賃金制度の刷新、昇格・昇進基準の明確化がなされた。そのおかげもあって、業績は回復した。

G　組合合併―親会社による吸収

同一製品を生産する子会社を吸収し、それに伴い組合も統合した。統合される子会社の労働組合が抱えた課題は二つであった。労働条件、雇用はどうなるのか、労働組合組織をどうするのか。雇用は守られる、労働条件は基本的に親会社基準に合わせる。このことを丁寧に組合員に伝え、不安を取り除いた。この事例から学べるのは組合統合の新しい選択肢である。一社二組合は当初より想定していない。選択肢は（ア）両組合とも解散して、新しい組合を結成する、

（イ）二つの組合が合併する、（ウ）経営統合と同時に、子会社組合は解散し、組合員は親会社組合に自動的に加入するという協定を締結する、の三つであった。このケースでは最後の自動承継が選択された。また子会社組合には数億円の財産があり、組合規約には「解散時の処分」について記載がなかったが、徹底的な議論を経て最終的には組合員の合意の上で、統合組合に引き継がれることとなった。

H　外資による買収と国際競争

複数の日本企業が特定の事業部門を切り出し新会社を設立し、新たに迎え入れた日本人社長のもとで急成長する。事業を急拡大し、技術開発にも積極的に取り組んだ成果である。だが製品価格の世界的下落と円高に見舞われ、他方で新たな資金確保が困難となり、会社更生法の適用を申請することになる。支援に乗り出したのは同業種の欧米企業である。「大の組合嫌い」の日本人社長の弾圧にも耐えて生き残った、一つの工場の労働組合（工場とユニオン・ショップ協定を締結している）が、再建プロセスで奮闘した。直前に産業別組織に加盟していた組合は、会社更生法適用後、すぐに産業別組織本部に相談に行き、法人格取得のアドバイスを受ける。奇妙なことであるが、この間、生産は継続しており、適用申請後一年で黒字に転換している。人事管理制度はグローバル・スタンダードへと転換し、労使関係もやや溝ができたようだ。

I　事業譲渡と外資

日本企業が特定の事業部門を、M&Aを繰り返す同業種の欧米企業に譲渡した事例である。労働組合は譲渡後三年間は、企業別組合の当該事業部門支部として対応している。人事管理制度の構築にあたって、本部のアドバイスを受けながら、交渉、協議を進めていくためである。三年後には、組合員の総意のもと、新しく企業別組合を創設した（ユニオン・ショップ協定を締結した）。新設にあたっては加盟する産業別組織の強力な支援を得ている。事業譲渡以前にも、以後にも雇用調整（希望退職）が進められ、平時においても個別に退職勧奨が行われている。労働組合は強要しないように強く求めている。人事管理制度はグローバル・スタンダードへと転換した。具体的には職種に関わらず同じ資格が適用されていた賃金制度から、職種ごとに適用される資格が異なる賃金制度へと変わり、人事評価では上長の権限が強まり、また評価要素、方法も従来とは異なり、福利厚生制度から属人的要素が外されるなどである。

J　日本企業による買収と強い労働組合

異業種の日本企業二社が経営統合した。とはいえ、M&Aを繰り返し成長してきた親会社が、もう一方を吸収したというのが実際である。吸収された会社には強い労働組合が組織され（ユニオン・ショップ協定を締結している)、親会社の組織状況は事業所ごとに異なっている(M&A以前の状況がそのまま反映されている)。統合にあたって雇用は保障され、労働条件、人事管理制度は親会社のそれが適用された。強い労働組合は賃金水準を維持し、業績連動型一時金(以前は固定月数)について認めたうえで一時金算定式に関する協定を結んだ。子会社の法人格がなくなると、交渉相手が存在しなくなることを懸念した労働組合は、親会社に労働協約の締結を求めた。組合員の九割の「組合は必要だ」との声が親会社を説得した。

K　労働組合と社員会

同じ資本系列内の同業種の企業二社が合併した。存続会社には労働組合(ユニオン・ショップ協定を締結している)が組織され、吸収された会社には社員会が組織されていた。二社の労使で話し合いを持つ。主たる議題の一つは従業員組織の今後についてである。選択肢は四つ。併存、いずれも解散、労働組合に統一、社員会に統一。組合リーダーの考えは「オール・オア・ナシング」。社員会のリーダーが聞く「組合をつぶせますか?」、組合リーダーは答える「できない」。社員会リーダーが「労働組合で行くこと」を決断する。社員会の良さを取り入れたユニークな労働組合を結成しようと社員会メンバーに働きかける。丁寧なQ&A問答集が用意され、メンバーを説得していく。最初の投票で六〇%の賛成を得る。メンバーの質問に繰り返し丁寧に答えることを続け、最終的には全員の同意を得ることに成功し、新しい労働組合が発足した。

L　組合合併と組合政策の転換

同業種で合併を重ねてきた二社が経営統合し、労働組合も組織統合し、相異なっていた組合政策を苦労して調整していった事例である。統合を主導したZ社社長が両労組のリーダーに対して「一緒になってさらに成長していくんだ」と発言したことが議論の方向性を決めた。調整プロセスをリードしたのは、吸収されたY社の労働組合であった。組合規約、労働協約の統一が進められたが、大きな課題の一つとなったのが職場単位の労使協議会の設置であった。Y社には職場単位の労使協議会があったが、Z社には安全衛生委員会があるだけであった。Y社の職場労使協議会は毎月、開催され、売上、事業計画、営業時間、要員、過重労働など職場のあらゆる課題が労使で話し合われていた。二社の労使で議論を積み重ねた結果、設置する方向で決まる。もちろん、職場労使協議会が円滑に機能するには、要となる支部長の育成、運営方法の習得などが必要であったが、現在では定着している。

2　学べること

企業再編を経験した一二の事例から何を学べるか。実践面と理論面に分けて考えよう。

実践面

まず実践面から。企業再編に直面した際に、どのような組合政策を考案し、どういう行動を取るべきかを考える上でのヒントは次のように多い。

従業員＝組合員への影響

第一に、企業再編が従業員＝組合員へ与える影響について。投資ファンドによる買収か、なんらかの事業（同業種であれ異業種であれ）を営む企業による買収あるいは経営統合か、親会社（出資元）による子会社（出資先）の吸収かで、影響が大きく異なる。

投資ファンドによる買収であっても、収益をあげる手段が異なっていると、従業員＝組合員に与える影響は全く異なる。投資ファンドの買収を受けた事例はB、C、E、F（前半）の四事例である。このうち、BとCにおける投資ファンドのねらいは、資金を提供し、経営へのアドバイスをして、本来の事業を軌道に乗せ、高収益体制をつくりあげ、再上場して株価を上げてキャピタルゲインを獲得することである。ＥとＦ（前半）における投資ファンドは、これらとは異なり、資産を食いつぶすことで収益をあげようとする、ハゲタカ・ファンドである。ＢとＣでは従業員＝組合員は懸命に働くことを求められるが、業績が向上し、賃金も上がり、中には再上場を果たした結果、キャピタルゲインを得た者もいる。ＥとＦではリストラが進み、労働条件は下がった。Ｆでは、この企業の提供するサービスを愛用していた顧客が、サービスの品質劣化に抗議して、次々と離れていった。Ｅの事例も売上高の低下がみられたが、ここでも同様に顧客離れが生じたのかもしれない。

投資ファンドの支援を受ける際には、どちらのタイプかを見極めるよう、強く経営側に要請すべきだろう。後者のタイプの投資ファンド（ハゲタカ・ファンド）にどう対応していけばよいのか。残念ながら、妙案は思い浮かばない。

同業種による買収、事業譲渡はＡ、Ｆ（後半）、Ｈ、Ｉ（事業譲渡）、Ｋ、Ｌの六事例、異業種による買収はＪの一事例である。同業種の企業による買収は日本企業であれ、外資であれ、競争力を高め、利益を上げていくことが最大の目的だから、製品やサービスの品質劣化を無視して、利益確保を優先するということは考えにくい。経営統合後の経営状況について触れていないＫ、Ｌであっても、また経済環境が好転していないように見えるＩであっても、このことはあてはまろう。異業種のJであっても、組合リーダーによると、親企業のねらいは、製品分野を広げ、異業種を融合して新規事業を開拓することである。

もちろん、投資ファンドによる買収ではないからといって、リストラが行われないわけではない。F（後半）では、X社がW社を買収したものの、当初は経営は低迷し、従業員（多くは契約社員）は出身企業に関わらず契約更新を打ち切られた。事業譲渡のIでは、譲渡以前も譲渡以後も雇用調整（希望退職）が行われ、平時においても退職勧奨がなされている。これらの場合、リストラの目的は資金回収ではなく、経営健全化であるという点が投資ファンドとの違いである。

親会社（出資元）による子会社（出資先）の吸収であるD、Gでは、子会社（出資先）の従業員＝組合員は労働条件の向上という恩恵を得ている。また、いずれのケースも雇用は保障されている。ただ、Dの事例で描かれているように吸収された側の従業員に不安、不信は募るのかもしれない。その場合には、組合リーダーによる手厚いサポートが必要になろう。

人事管理、労使関係への影響

第二に、人事管理、労使関係に及ぼす影響を見よう。ここでは日本企業による買収か、外資による買収かで、違いが出てくる。外資に買収されたA、F、H、Iのうち、日本人社長が人事改革を率いたFは別としても、残りの三つの事例では、全額歩合給（営業職員）とジョブ・ポスティング制度（内勤職員）の導入（A）、属人的手当廃止と全世界共通のジョブ・グレード・システム導入（H）、属人的手当廃止、法定有給休暇および夏季特別休暇以外の休暇の無給化・廃止、職種別資格別レンジレートの導入（I）と、いわゆるグローバル・スタンダードへと転換された。

労使関係では、同じく外資に買収された四つの事例であっても、国内マーケットを対象とするA、Fと、グローバルに競争を展開しているH、Iとでは異なる。H、Iの二社ではいずれの事例でも賃金引き上げ交渉は難しくなった。「グローバル企業である当社独自のやり方で賃金を引き上げる」「年末に会社が一方的に示す」という回答で押し切られている。グローバル企業に買収された場合、こうした変化が起こることを覚悟しておくべきかもしれない。

ただ、この二つの事例であっても、労働組合の重要性が小さくなったというわけではない。Hでは安全衛生、カレンダー協定、時間外規制などの課題について会社側と交渉協議を行い、毎月の人事総務連絡会では食堂、コンビニエンス・ストアの設置、通勤バス、駐車場、有給休暇買取要求など職場からの多岐にわたる要望を会社側に伝え、解決に向けた話し合いを行っている。Iであっても、春季生活闘争時には昇給原資の適正な配分、初任給引き上げ、最低賃金引上げ、福利厚生制度の改定、労働法規改定への対応をめぐって交渉、協議を行っている。また業績連動ボーナスを組合員全員に配分するよう要求しており、近々、この要求が実現するようである。また、この事例では会社側の個別の退職勧奨が行われており、退職を強要しないよう強く求めている。

日本企業による買収が行われたのはD、G、J、K、Lの五事例である。人事管理制度や労使関係への影響が調べられていないKを除く四事例では、労使による慎重な協議によって、人事管理制度、労使関係の改革が進んだ。雇用は保障され、労働条件はおおむね改善された。D、Gでは子会社（出資先）の従業員＝組合員は雇用確保されたうえで、親会社（出資元）の労働条件に引き上げられた。Jでも労働条件、人事管理制度は親会社の基準に合わせることになった。賃金水準については現状を維持する、「業績連動型ボーナス」は事実上のアップにはつながることになるとはいえ、これまでの平等主義的な制度から離れることに対し、基本算式についての労使協定を締結している。他方、定年退職金額の三分の一削減という会社提案に対し、定年延長（六〇歳→六五歳）を提案し、労使合意にこぎつけている。Lで、労使関係上、最も争点となったのは、吸収されたY社で日常的に行われていた職場単位の労使協議会の存廃であった。労使で慎重に検討した結果、職場単位の労使協議会の設置が認められ、職場支部体制の強化が図られた。以上のように、日本企業による買収では、労働組合がしっかりしていれば、人事管理、労使関係のいずれにおいても、前向きな改革が進められると考えられる。

組合―組合員間のコミュニケーション

第三に、企業再編の際の、組合―組合員間のコミュニケーションに関してである。組合執行部は組合員全員と平時以上に密に、かつ頻繁にコミュニケーションを取る必要がある。いずれの事例でもそうだと考えられるが、比較的わかりやすいのがC、D、Gの三事例である。Cでは五年連続の労働条件引き下げ、物流部門の撤退の可否などを組合員に了解してもらうために、頻繁に職場集会を開催している。Dの出資先V社出身の組合リーダーの二一年にもわたる献身的なサポートが、吸収される従業員＝組合員の安心、安定のためには必要不可欠であった。Gでも経営統合直後に、組合としての前向きなメッセージを組合員に周知している。組合員の不安、要望を積極的に汲み上げ、他方で労使協議会のテーマ、協議内容、雰囲気を写真を添えて逐一、組合員に知らせている。この他、Hでも、突然の会社更生法適用申請の一報の直後に、臨時執行委員会、職場代表者会議を開催し、状況報告、今後の流れの説明などを短期間で集中的に行っている。Jでも組合リーダーは全国の事業所すべてを訪問し、集会を開き、組合員の不安、悩み、疑問を聴くとともに、他方で、機関紙を使って随時、会社側とのやりとりに関する情報を流している。

ユニオン・ショップ協定の意義

以上のヒントとはやや異なるが、第四にユニオン・ショップ協定の意義を改めて確認することができる。一二の事例のうちG、H、I、J、Kの五事例では、ユニオン・ショップ協定が労働組合の対応を支えていることがわかる。Gにおけるスムースな組合合併は、両組合ともにユニオン・ショップ協定を締結していたからであろう。Hで、工場の労働組合が経営再建プロセスで奮闘できたのは、「大の組合嫌い」の日本人社長の圧力にも屈せずに対峙し、ユニオン・ショップ協定を破棄せずに存続できたからである。Iでも、雇用調整（希望退職）、中途採用が進められても組織が弱体化せず、欧米流の個別の退職勧奨に一定の歯止めがかけられているのも、ユニオン・ショップ協定と関係していよう。Jで吸収された側の労働組合が、本社と労働協約を締結できたのも、ユニオン・ショップ協定のもとにある事業所の組合員の圧倒的支持を獲得しているからである。Kで最終的に社員会が解散し、二社の従業員によって新しい労働組合が設立された背景には、存続会社の労働組合がユニオン・ショップ協定を締結していたということがある。

組合の合併・統合をめぐる問題

第五に、組合の合併、統合をめぐって問題が起きる可能性がある。Jでは事業所ごとに労働組合の組織状況が異なるという事態は経営統合後もそのままである。Lであっても組合合併それ自体が問題となってはいない。問題が生じたのはGである。子会社の労働組合の組合規約に組合合併の手続きに関する規定がない。だが改めて規定を設ける時間はない。そのため事前に子会社の労働組合を解散して、親会社に採用されたのちに、組合選択するという方法（親会社の組合はユニオン・ショップ協定を締結している）、自動承継に関する協定を両組合で締結するという方法の二つが可能な選択肢として考えられた。結局、リスクの少ない後者が選ばれた。組合解散にあたっては、組合財産の帰属も問題となる。もちろん、企業が廃業し、組合解散であれば、組合財産は組合員に帰属することになろうが、このケースは異なる。解散時の組合財産の帰属に関する定めが組合規約になく、大会で処分案（親組合に全額譲渡）を決めることができた。もし、組合規約に「解散時には組合財産は組合員に帰属する」旨の定めがあったならば、問題が生じていたであろう。組合財産についてはDでも同様の問題が生じている。組合合併手続きと解散時の組合財産の帰属について、慎重な議論を踏まえた上で、組合規約に定めておく必要がある。

経営危機・企業再編に対処する備え

第六に経営危機、企業再編に対処するために、労働組合として事前に、備えておくべきことがいくつかある。一つは法人格の取得である。Hでは、再建プロセスに奮闘した工場の労働組合は法人格を有していなかった。法人格を持っていないと、倒産時に労働債権確保のための資産差し押さえができないとの指摘を、産業別組織本部から受け、組合規約を改正し、大会承認を得た後に、労働委員会に慌てて申請した。労働委員会の資格審査は厳しく、法人格を取得するまでに一カ月半かかっている。幸いなことに、会社更生計画が認められ、倒産を避けられたが、もしもの場合は労働債権が確保できないという事態に陥っていたかもしれない。

もう一つは産業別組織へ加盟し、危機対応時に、その支援を受けられるよう準備しておくことである。(1) 産業別組織の支援の重要性が最も明らかなのはBである。自らが加盟する産業別組織の強力な支援を受けただけではなく、この組織を通じて、取引先の業界の労働組合を組織する別の産業別組織にも支援を依頼し、それが結果として功を奏した。Hでは「大の組合嫌い」の日本人社長の圧力に対抗するために、工場の労働組合は産業別組織に加盟した。産業別組織スタッフのアドバイスによって、その後の裁判所、管財人への対応、組合内部への情報伝達と意見集約などもスムースに進んだと思われる。Iにおいても、独立した単組の組合規約策定において、産業別組織スタッフから多大なる協力を得ている。Lで、吸収された側の労働組合がこだわったのは、非常時に、産業別組織が交渉、協議の場に出席できるようにすることであった。組合の正式名称に産業別組織名を入れることで、この問題をうまく処理することができた。

事例には書かれていないが、Ｆでも労働契約法改正の関係で、契約社員の無期転換について、産業別組織からアドバイスを得ている。

組合リーダーの役割

第七に、最後になるが、危機において、組合リーダーが決定的な役割を果たすことになるということである。「決定的」とは、組合員の雇用確保、生活安定が一定程度、図られたという面においても、また、経営側が企業再編プロセスを比較的スムースに進めることができたという面でも、労働組合の役割は大きかったという意味である。とりわけ、後者を強調しておくべきだろう。経営側は、労働組合を通じて職場の状況、従業員の不安、要求を知ることができ、企業再編に伴う混乱を避けることができた。一二のケースすべてにおいてそうであるが、とりわけ、Ａ、Ｂ、Ｃ、Ｄ、Ｈ、Ｊで、この点を顕著に見ることができる。ハゲタカ・ファンドに襲われたＥのケースであったとしても、献身的に支えた組合リーダーがいたからこそ、この程度で収まったのではないかと推測することもできる。

以上が一二の事例から得られる実務面でのヒントである。

理論面

これに対し、企業別労働組合の行動における特徴として、理論的に挙げられるのは次の点である。

企業の存続

第一に、経営危機において、労働組合は企業の存続に最も力点を置くことである。深刻な経営危機に見舞われたのはA、B、C、F、Hの五事例であるが、事情がよくわからないFを除く四事例、とりわけA、B、Cでは労働組合は企業の存続を強く求めている。Hであっても組合リーダーは企業存続のために管財人、裁判所と真しな話し合いをしている。

雇用の確保

第二に、企業の存続を前提に、雇用のできる限りの確保を求める。「人のリストラは認めない」との組合リーダーの強い意志を貫いたCでは、結果として全員の雇用は守られた。また、会社更生法適用申請後に、製品価格が上がり、工場がフル稼働になったHでは、希望退職を募る必要がなくなった。だがA、Fでは希望退職の募集を労働組合は認めている。業績がなかなか回復しなかったIの労働組合も認めている。Bのケースも当初の再建案では、人員削減が盛り込まれていた。業績の急回復のおかげで、結果として、希望退職を募集しなくてすんだのである。雇用確保を最優先し、労働条件の引き下げもあえて認める（しかも五年間連続で）Cの労働組合は例外的だと見てよいのではないか。

経営危機に際して、まずは企業存続、その次に雇用確保を重視するという企業別組合の行動は平子（二〇一九）でも指摘されている。(2)

単一の労働者組織

第三に、D、G、K、Lのケースで見られるように、労働者組織は単一が望ましいとの組合リーダーの認識である。彼らにとっては、複数組織の併存という状態は、可能な限り避けるべき状態である。例外はJであるが、このケースでは事業所の独立性がかなり強く（M&A以前の労使関係がそのまま継続している）、労働組合としても統一をとくに求める必要がないのかもしれない。

（1）合理化問題発生時に産業別組織がいかに単組支援を行うかについては新沼（二〇二二）が、UA

ゼンセン、電機連合、ＪＡＭ、基幹労連の四産別に関して、詳細に論じている。

（2）キャリアの深い内部化から「ホワイトカラー化組合モデル」を説くのは小池（一九八三）である（小池二〇〇五、二六二―二六三ページも参照）。このモデルに従えば、日本の労働組合の組織形態、行動は次のように理解しうる。日本の、とりわけ大企業の労働者は企業内でキャリアを積み、企業特殊的熟練、しかもかなり高い熟練を身に着けていく。そうなると、途中で企業の外に出て（あるいは出されて）、他企業に移るのは極めて不利になる。そのため経営に参加し、パイの増大とその分配に発言する。それこそが労働組合の機能となり、組織形態としては企業別組織を取ることになる。このモデルの妥当性を否定するわけではないが、事例研究から読み取れる特徴は、まずは雇用をできる限り確保したい（とりわけ雇用機会の乏しい地方ではそうである）。そのためには企業が存続、発展することが必要不可欠となる。企業存続のために雇用削減、労働条件の引き下げが止むを得ないのであれば、必要な限りでそれらを認める。その上で、できるだけ多くの組合員の雇用を確保する。こうした組合リーダーの思いが、経営危機の際の組合の行動を創り上げているように見てとれる。

参考文献

呉学殊　二〇一九年　『企業組織再編の実像――労使関係の最前線』労働政策研究・研修機構
毛塚勝利・連合総合生活開発研究所編　二〇一〇年　『企業組織再編における労働者保護――企業買収・企業グループ再編と労使関係システム』中央経済社
小池和男　一九八三年　「ホワイトカラー化組合モデル――問題と方法」日本労働協会編　『八〇年代の労使関係』日本労働協会、所収、二三五―二四六頁
――　二〇〇五年　『仕事の経済学〔第三版〕』東洋経済新報社
坂幸夫編　二〇一五年　『現代日本の企業組織再編と労働組合の課題』学文社
菅野和夫　二〇一九年　『労働法〔一二版〕』、弘文堂
新沼かつら　二〇二二年　「日本の労働組合による雇用対策――大手四産別による単組支援を中心に」連帯社会第六号、四二―一〇〇頁
野川忍・土田道夫・水島郁子編　二〇一六年　『企業変動における労働法の課題』有斐閣
樋口広寿　二〇〇七年　「経営破綻、その時、組合は」労働調査二〇〇七年八月号、二八―三三頁
久本憲夫・電機連合総合研究企画室編　二〇〇五年　『企業が割れる！　電機産業に何がおこったか』日本評論社
平子知明　二〇一九年　「『経営危機』と労働組合――三つの事例研究から」連帯社会第三号、一三一―一六五頁

松田耕治・澤野正明・佐々木伸悟監修、古川和典著　二〇一五年　『再建型倒産手続実務ハンドブック』
ぎょうせい

あとがき

公益財団法人中部産業・労働政策研究会（中部産政研）の委託調査「新しい職場でも力を発揮し、チャレンジ精神を醸成する労働組合としての取り組みとは〜産業構造の変化に伴う人材の流動化を見据えて〜」（二〇一九年度）が本書のもとになった研究プロジェクトである。このプロジェクトの当初の問題関心は次のようなものであった。

自動車産業は現在、一〇〇年に一度の大変革期を迎えている。ＣＡＳＥ（Connected, Autonomous/Automated, Shared, Electric＝インターネットとの接続、自動化、シェアリング、電気自動車）という技術革新、あるいはＭａａＳ（Mobility as a Service＝インターネットを活用した効率的な移動サービスの提供）という産業それ自体の変化が、その中心にある。こうした変革期において、大規模な事業再編、企業再編が予想され、それに伴い人材の流動化、教育訓練（再訓練）、処遇制度の変革が生じる可能性も高い。この機会をチャンスと前向きにとらえ、個々人の能力ひいては職場力を高めていくには、労働組合として何をすべきか、何ができるかを探って欲しい。これが中部産政研の関心であった。

ただ、大変革期といっても、現在、進行中のものであり、それを一介の労働研究者が明らかにすることはほとんど不可能である。そこで、中部産政研との事前の話し合いを通じて、研究テーマを「事業再編と労働組合」とし、事業再編、企業再編に伴い発生する労使関係上の諸課題を労使がどのように解決・処理したのかを具体的に明らかにすることにした。

そこで、いくつかの産業別組織に連絡を取り、あるいは単組に直接連絡を取り、調査協力を依頼した。その時点で、一一の単組の了解を得ることができ、訪問しインタヴュー調査を行った。だが、コロナ禍に巻き込まれ、二〇二〇年春以降、事例調査は不可能になった。一一のケースであっても、インタヴューは一回にとどまっている。研究プロジェクトは二〇二一年の夏までの予定であったが、追加調査がまったくできず、不本意なまま最終報告を提出せざるをえなかった。私を信頼して、プロジェクトを委託してくださった中部産政研および関係者の方々には本当に申し訳なく思っている。

四〇年の研究生活の中で、そのほとんどを実態調査に費やしてきた調査屋としては、このまま済ませるわけにはいかなかった。コロナ禍がやや落ち着いてきた二〇二一年秋から、中部産政研の了解を得たうえで、調査を再開することとした。新たに四つのケースを追加した。調査対象には十分な時間を取ってもらい、しっかりと調査をすることができた。

私が調査したケースは、合計、一五になるが、本書では、そのうちの一一ケースと、以前に私が調査したケースを一つ、掲載することとした。

経営破綻、組織統合、買収などの企業再編をめぐる事例研究は、読者が想像する以上に難しい。当事者たちが、その具体的経緯を語ることに消極的だからである。とりわけ、経営破綻、買収のケースではそうある。失礼を承知であえて言えば、「自分の弱み」を見知らぬ者に赤裸々に話す必要がどこにあるのかと思うのではないだろうか。慎重に言葉を選びながら、具体的経緯を聞いていくスキルが調査屋に求められる。一つの事例を除く一一の事例で、産業、企業規模、時期などが特定できないように書いたのは、調査対象者に発表の許可を得るためである。通常の調査報告書とは異なり、匿名性を極めて重視したため、調査報告というよりも物語風になってしまった。そのことは残念であるが、発見した事実、労働組合の苦闘は発表する価値があると思い、刊行を希望した。出版事情が厳しい中、出版を許可してくれた教育文化協会には感謝したい。

名前を出すことはできないが、単組を紹介し、調査につきあってくれた産業別組織のスタッフの方々、そして調査に協力いただいた単組執行部のメンバーにも、心より謝意をお伝えしたい。

マスクを取り、さわやかな風を感じられるようになった三月に

中村圭介

著者紹介

中村圭介（なかむら・けいすけ）

1952年生まれ。東京大学大学院経済学研究科博士課程単位取得退学。雇用職業総合研究所研究員、武蔵大学経済学部助教授、東京大学社会科学研究所教授、法政大学大学院連帯社会インスティテュート教授を経て、現在、東京大学名誉教授、教育文化協会Rengoアカデミー・マスターコース教務委員長。博士（経済学）。

主な著書に『日本の職場と生産システム』（東京大学出版会、1996年）、『教育行政と労使関係』（共著、エイデル研究所、2001年）、『変わるのはいま―地方公務員改革は自らの手で』（ぎょうせい、2004年）、『行政サービスの決定と自治体労使関係』（共著、明石書店、2004年）、『衰退か再生か：労働組合活性化への道』（共編、勁草書房、2005年）、『ホワイトカラーの仕事と成果―人事管理のフロンティア』（共編、東洋経済新報社、2005年）、『成果主義の真実』（東洋経済新報社、2006年）、『実践！自治体の人事評価：「評価される側」からのアプローチ』（ぎょうせい、2007年）、『壁を壊す』（教育文化協会、2009年、新装版、2018年）、『地域を繋ぐ』（教育文化協会、2010年）、『地域から変える』（教育文化協会、2021年）等。

連合・労働組合必携③

企業再編と労働組合

2023年5月1日　初版第1刷発行

著　者　中村圭介

発行所　公益社団法人教育文化協会
〒101-0062 東京都千代田区神田駿河台3-2-11
電話 03-5295-5421　FAX 03-5295-5422

制作・発売　株式会社 旬報社
〒162-0041 東京都新宿区早稲田鶴巻町544
TEL 03-5579-8973　FAX 03-5579-8975
ホームページ https://www.junposha.com/

印刷製本　中央精版印刷株式会社

ISBN978-4-8451-1822-9